¿CUÁL ES EL PROCESO QUE DIOS USA PARA FORMAR LOS SUEÑOS DE UN JOVEN?

del llanto a la Sonrisa

alex campos

Vida®

Especialidades Juveniles

www.especialidadesjuveniles.com

DEL LLANTO A LA SONRISA
Edición en español publicada
por Editorial Vida -2008
Miami, Florida
© 2008 Alex Campos

Edición: Carlos Peña

Diseño de interior: CREATOR studio.net

Diseño de Cubierta: CREATOR studio.net

Fotografía: Kenn Kiser / Cecilia Picco / Davide Guglielmo / Sherrie Smith / Sarah
Lewis / Adrian , Canada / Dawn Allynn / Sue RB / Jason Nelson / Patryk Specjal

ISBN 978-0-8297-5290-8

Categoría: Biografía / Religión

Impreso en los Estados Unidos de América
Printed in the United States of America

09 10 11 12 13 14 • 14 13 12 11 10 9 8

RECOMENDACIONES

Alex Campos es un poeta que acompañando sus letras con una música de excelencia, ha sabido inspirar, retar y consolar a la nueva generación de jóvenes cristianos en todo el continente. Desde el primer instante en que lo vi supe que tenía un don y un talento muy especiales pero luego tuve el gusto de conocerlo como persona y me sorprendió su notable anhelo por afectar a su generación en el nombre de Jesús y hacerlo con profesionalismo y a la vez con plena entrega. Con este libro Alex se ha dejado moldear por la gracia de Dios para dar un mensaje de esperanza que haga rebalsar de sueños a quienes lo escuchan. En estas páginas conocerás una historia que te inspirará, sorprenderá y retará a dejarte también moldear por la gracia y los planes de quién te hizo. Un libro imperdible para aquellos jóvenes que quieren transformar sus tristezas en gritos de triunfo.

DR. LUCAS LEYS
Conferencista y autor. Director internacional de Especialidades Juveniles

La vida de Alex es un claro ejemplo de lo que Dios puede hacer con un joven que le cree. Sin lugar a dudas Dios puede tomar una vida casi destruida para transformarla y usarla de una manera impresionante. La manera sencilla y cálida en que Alex comunica su historia hará que este libro traiga esperanza, despierte sueños dormidos y toque corazones de una manera milagrosa. ¡Gracias Alex por abrir tu corazón a esta generación!

COALO ZAMORANO
Salmista y ministro de adoración en Lakewood Church en Houston, Texas.

Alex nos comparte lecciones que, si las ponemos en práctica, tienen el potencial de cambiar nuestra vida. Si Dios te ha hablado mediante la música de Alex, no tardes en leer este libro pues te inspirará y ayudará, pero sobre todo, te recordará que servimos a un Dios fiel que nos ama y tiene los mejores planes para nosotros.

EMMANUEL ESPINOSA
Reconocido compositor y productor. Líder de Rojo.

Así como un diamante es forjado bajo grandes presiones en lo profundo de la tierra, todo ser humano que quiera ser usado por Dios es preparado en medio de dificultades y crisis de fe. En su libro, Alex te anima a creer que Dios tiene un propósito contigo, y que va a cumplir a pesar de tu pasado. Si has sido tocado por los cantos que Alex compone y canta, déjame decirte que con este libro, él nos ofrece el mejor canto de todos y es el testimonio de su vida cambiada por el amor de Dios Padre

DANILO MONTERO
Pionero de la restauración de la alabanza y la adoración. Autor y pastor.

Al leer acerca de la vida de Alex y conocer un poco más a fondo su pasado, toda la admiración y respeto que ya sentía por él llega a un nivel muchísimo más alto. Me siento identificado con muchas cosas. Ver como a través del perdón hubo un nuevo comienzo para su vida es algo que me toca muy de cerca. Me siento muy inspirado con su testimonio. No hay duda de que es Dios quien hace todas las cosas nuevas (Apocalipsis 21:5). Estoy convencido de que este libro hablará al corazón de toda persona que haya experimentado desilusión, soledad, menosprecio, rechazo, entre otras cosas. Joven, recuerda que no puedes cambiar tu pasado pero las decisiones que tomes hoy pueden determinar tu futuro. Date la oportunidad de leer esto libro, permite que Dios te hablé a travez de él y que como a Alex, su palabra le de un nuevo impulso a tu vida.

FUNKY
Pionero del Reggaeton y uno de los artistas cristianos más populares entre la juventud.

En un tiempo en el cual muchos ministerios itinerantes están sin la cobertura de sus iglesias, Alex Campos ha decidido honrar y echar raíces en su iglesia. He tenido la oportunidad de ministrar a Alex y he visto a un hombre que ama a Dios y que quiere ayudar a las iglesias a ser más efectivas en su trabajo con los jóvenes; por eso Dios lo ha bendecido tanto. En este libro Alex nos cuenta cómo llegó a donde está hoy y en su experiencias vemos a un hombre que hubiera podido llenarse de resentimiento en contra de Dios y de su iglesia, pero en lugar de ello, encontró en el Taller del Maestro, no solo la sanidad sino también al Maestro. Pero el verdadero éxito de Alex solo lo sabremos al final porque, al igual que un paracaidista, lo que realmente importa no es cómo iniciamos la clase de espectáculo que dimos sino, cómo terminamos. Yo creo que lo mejor de Alex está por escribirse porque como dice el salmista acerca de los que están plantados en la casa de Dios: «Aun en su vejez, darán fruto».

ANDRÉS CORSON
Pastor, Iglesia El lugar de su presencia.

Tanto en la Biblia como en esta vida encontramos personas de excelencia que nos motivan a creerle a Dios y alcanzar nuestros sueños. Mi amigo Alex es uno de ellos. Su espíritu de superación y su compromiso de aferrarce a Dios por encima de las circunstancias buenas y las dificiles le han dado el exito que hoy posee. A través de este libro tu vida recibirá una sobrecarga de fe y es mi oración que cuando termines de leerlo concluyas diciendo: «Si Dios lo hizo con Alex también lo hará conmigo».

DANIEL CALVETI
Destacado salmista y autor.

CONTENIDO

PRÓLOGO

Lo que más me impresionó de Alex Campos la noche que lo conocí fue su historia. Había escuchado una canción que me conmovió profundamente que él cantaba llamada «Me Robaste el Corazón» y me di cuenta que sin duda era un salmista de talento excepcional con una voz singular y una unción indiscutible.

Al escuchar la pasión con la que cantaba esa melodía inolvidable, sabía que Alex Campos había vivido una historia multidimensional, llena de dolores y angustias mezclada con victorias y triunfos.

Es que es un hecho que nadie canta con tanta emoción sin haber vivido y superado los golpes que la vida trae. A Alex, la vida le ha traído muchos, pero a cada uno les ha dado frente, consiguiendo la victoria sobre ellos.

Ese primer encuentro nuestro fue una noche en Bogotá Colombia donde me habían invitado a compartir unos temas sobre el liderazgo. Después de solo unos minutos de conversar, sentí que había conocido a Alex toda la vida.

Al transcurrir las horas de esa primera conversación, misma que duró hasta altas horas de la madrugada, me di cuenta del por qué su unción es tan extraordinaria. Muchas de las cosas que relata en este su primer libro, son las historias que escuché esa noche que lo conocí.

En varias ocasiones durante esa conversación, rodaban lágrimas por mis mejillas al enterarme de lo grande que Dios ha sido en la vida de Alex Campos al guardarlo, protegerlo y cuidarlo con el fin de que el perfume de la gracia de Dios pudiese llenar la tierra a través de las canciones y la unción que ha depositado en él.

Mi deseo es que al leer estas páginas, muchos más «Alex Campos» de diferentes nombres, en diferentes países sean levantados por la mano poderosa de Dios.

Que esta generación siempre tenga esos profetas, salmistas que pregonen la verdad eterna del evangelio con arte y creatividad de la misma manera como lo hace Alex.

Me emociona y entusiasma al ver el potencial de esta gran generación de jóvenes que viene pujando con fuerza, entusiasmo, llenos de la Palabra de Dios y del Espíritu Santo.

Es una fuerza arrasadora que llenará la tierra de la gloria del Señor. ¡Grandes días nos esperan! Felicito a Alex Campos por abrir su corazón y exteriorizar algunos detalles de su vida que podrían ser difíciles de hablar.

Pero al hacerlo, enriquece nuestras vidas con sus experiencias y victorias, llenándonos de fe al saber que si Dios lo hizo por Alex, lo puede hacer también con cada uno de nosotros.

Con mucho cariño,
MARCOS WITT
Houston Tx.
Dic. 2007

AGRADECIMIENTOS Y DEDICATORIA

Este libro es el resultado de muchas vivencias pero sobre todo de personas increíbles que Dios ha puesto a mi lado. Quiero mencionar primeramente a Nathalia Campos. Sin ti, amor, mi vida estaría triste, eres la mejor sonrisa que Dios me ha podido dar.

A mis padres, Pablo Campos, Mercedes Mora, gracias por darme el regalo de vivir y el respaldo sin ninguna reserva. Papá, quiero que sepas que hoy puedo decir con seguridad que no puede haber mejor padre que tú. Mamá, la corona que Dios tiene para ti en cielo debe ser enorme, eres la mujer más valiente y fuerte que jamás he conocido. Los amo. Luis y John Campos, siempre en cada desafío han estado allí, enriqueciéndome con sus talentos y su apoyo. Pese a tantos tiempos difíciles, ¡qué gran familia me dio Dios!

Andrés y Roció Corson, mis pastores, mi vida es desafiada a ir a nuevos niveles de comunión con Dios. Me siento orgulloso de tenerles comos mis líderes. Otras dos familias que me han retado a seguir soñando son los Castro y los Mendez. José Luis Becerra, mi amigo y mi hermano, gracias por dar tu vida a este ministerio ¡No podría tener un mejor mánager!

A mi banda: Esteban Machuca (bajista), el que persevera alcanza, tu perseverancia me llena de muchos motivos para cuidar alegremente tu corazón. Guillermo Rivas (trompetista), la pasión que sentimos por el liderazgo de nuestro país, nos llevará a grandes desafíos pero sé que juntos ganaremos muchas batallas. Wiston Caicedo (trombonista), tu corazón de servicio sin esperar nada a cambio me enseña a que nunca debo de olvidar a quien sirvo y por qué lo hago. Iván Ávila (baterista), el silencio y la prudencia muchas veces son mejores que mil palabras. Qué gran toque de sanidad Dios te ha dado con tu batería. Javier Serrano (guitarrista) veo en ti más que un grandioso músico, a un hombre en búsqueda del corazón de Dios y eso me hace feliz. James Estrada (pianista), aunque no siempre se den los viajes quiero que sepas que siempre haces falta. Álvaro Llano (Ing. de sonido), cada vez que veo tu vida, me digo que valió la pena todo el esfuerzo de tenerte como parte de mi equipo. Dios tiene grandes planes para tu vida. Gracias por todos estos años de esfuerzo sembrados en este ministerio. Rosalva Guevara, (asistente). Cada esfuerzo que haces, por pequeño que sea trae una bendición enorme, eres un pieza muy clave en este andamiaje. Andrés Vargas (Raza de Campeones), la tranquilidad y la paz que Dios me da de depositar este nuevo sueño en tus manos es increíble. Jonathan Hencker (página web), gracias por ese trabajo tan importante que desarrollas, miles de vidas son bendecidas a través de tu increíble labor. Chak García (video y diseño gráfico) el talento que Dios te ha dado es una de las herramientas que Dios ha usado en nuestro ministerio y también el de muchos salmistas en Latinoamérica. Es un privilegio tenerte en mi equipo. Patricia Rodríguez (diseño gráfico página web), cada vez que puedo trabajar contigo, veo la madurez y la entrega que has puesto a lo que Dios te ha entregado. Germán Garabito (jefe de prensa), creo que cada ministerio debería tener un hombre como tú en su equipo, para mí es de mucho valor cada palabra y reseña que haces de nuestro ministerio. Canzion, sin ustedes sería imposible que el mensaje de Dios llegara de una manera más efectiva a cada país. Para mí es un honor y un privilegio ser parte de esta extraordinaria familia.

A Lucas Leys. Gracias por creer y animarme a escribir este libro. Sin ti no lo hubiera logrado. Gracias a Especialidades Juveniles y a Editorial Vida. Es emocionante ser parte de lo que están haciendo.

Quiero también agradecer a cada medio de comunicación, a cada productor de eventos, a cada persona que nos lleva en sus oraciones y a cada persona que nos bendice comprando uno de nuestros productos. Somos compañeros en la obra de Dios. La poderosa bendición en la cual se han convertido no tiene precio. Donde estén, en el lugar que se encuentren, Dios los bendiga, que cada sueño y desafío que emprendan sea en sus manos mucho más grande de lo que ustedes lo pensaron. Les amamos, les honramos y les llevamos en nuestras oraciones.

Este libro está dedicado a mi amigo y mi inspiración: el Espíritu Santo de Dios.

En memoria de Luis Mora, Wilson Campos y Juan Miguel Campos Duque.

Construir
en la arena
01

«TODO EL QUE ME OYE ESTAS PALABRAS Y NO LAS PONE EN PRÁCTICA ES COMO UN HOMBRE INSENSATO QUE CONSTRUYÓ SU CASA SOBRE LA ARENA. CAYERON LAS LLUVIAS, CRECIERON LOS RÍOS, Y SOPLARON LOS VIENTOS Y AZOTARON AQUELLA CASA, Y ÉSTA SE DERRUMBÓ, Y GRANDE FUE SU RUINA». (MATEO 7:26-27)

Mi vida es testigo de ambas escenas: hombres que construyeron sobre la arena y hombres que lo hicieron sobre la roca. Un principio simple: la arena es inestable, se la lleva el viento y el agua. La roca es firme. Aunque sufre las embestidas de las tormentas, permanece, persevera y se sostiene en distintos climas emocionales.

En toda vida hay tempestades. No nos gusta, y eso todos lo sabemos, porque allí hay llanto. Pero también sabemos que, quienes permanecen, llegan a ver el fin de **QUIENES PERMANECEN, LLEGAN A VER EL FIN DE LAS TORMENTAS.** las tormentas. No sucumben en ellas, más bien llegan a ver sonrisas. Por eso escribo mi historia, porque sueño con ver jóvenes que inteligentemente construyen sus vidas sobre la roca. Una raza de campeones que no sucumban a los problemas de la vida. Jóvenes que puedan escribir una historia que puede comenzar en el llanto pero llegar a la sonrisa. Este fue mi proceso. Esta es mi historia.

Apostando por mamá

Mercedes Mora es el nombre de mi madre. Dios la escogió en su increíble sabiduría para traerme a este mundo. ¿Quién sería el padre? ¿A quién escogería Dios para completar su propósito? Llegó el día indicado en que ellos se encontrarían. Mi madre se encontraba haciendo fila en el DAS (Departamento Administrativo de Seguridad) para refrendar el certificado judicial con el fin de obtener un trabajo que solicitaba. Detrás de la ventanilla se encontraban cuatro hombres que miraban con asombro la belleza de aquella caleña de delicada cintura. Queriéndose divertir un poco, tal vez, decidieron echar suerte para ver quién la podía atender e invitarla a salir. La cuestión era ganar el privilegio de tener un encuentro con mi futura mamá.

Hoy sé que, aunque todo aparentaba ser a la suerte, obviamente Dios sí sabía quién sería mi padre. Su nombre es Pablo Campos. Él fue la persona que atendió a mi madre y ofreció llevarle los papeles a su casa. Fue allí donde comenzó una relación relámpago que terminó al mes en matrimonio. ¡Qué rápido!

Hoy me parece audaz. Muy poco tiempo para conocerse a mi forma de ver, pero, ¿qué los impulsó para esta pronta y loca decisión? Me gustaría poder decir que Dios se los reveló en sueños o qué les habló de alguna forma, pero no lo conocían. Le pregunté a mamá acerca de su veloz decisión, y me respondió con un poquito de vergüenza que le llamó la atención el físico de mi padre, pero que la razón más poderosa fue por despecho. Hacía muy poco que había terminado con un ex novio con el que tenían planes de casarse. La desilusión amorosa por la ruptura de aquel noviazgo fue lo que la arrojó a apresurar las cosas con mi padre. Hoy yo le llamo a esto «un clavo que sacó otro clavo». Todos sabemos cuán común es para muchos jóvenes tapar una mala decisión con otra. Mi papá, por su parte, tenía su palabra en cumplir aquella apuesta con el propósito de salir con aquella mujer hermosa que, sin pensarlo demasiado, luego de unas semanas alistó su mejor traje para esperar a mi padre en el altar. El mismo sacerdote pronosticó que aquel matrimonio

BOGOTA, DICIEMBRE 13 1975

no duraría mucho. Probablemente los vio muy jóvenes e inmaduros o simplemente sabía las circunstancias. No vio futuro en aquella pareja. Sin embargo, se animó a guiarles para que se juraran amor eterno sin decirles nada negativo a la cara. ¡Parece que era un buen guía en asuntos del amor! O por lo menos la clase de persona que muchos prefieren: uno que te dice todo pero sin contarte lo que verdaderamente cree o te conviene. Fue así como el 13 de diciembre de 1975 Pablo Campos y María Mercedes Mora juraron amor eterno y se introdujeron en un mundo que desconocían, uno lleno de grandes desafíos, como lo es el matrimonio.

Un romance con los suegros

Así comenzaría una «luna de miel» a la que llamaré: *un romance con los suegros*. Económicamente no estaban preparados y mi mamá quería estar cerca de sus padres. Ambas situaciones, que suelen tener consecuencias muy negativas, son comunes en parejas jóvenes. No es cosa de descartar la fe. Sin dudas que es difícil tener todo listo económicamente como uno quisiera. Pero vivir con los padres de la esposa porque ella quiere estar cerca de ellos suele hacer evidente que la pareja no entendió lo que Dios planeó para el matrimonio: que el hombre y la mujer deben cortar con el «cordón umbilical emocional» que los une con sus padres. Ellos no estaban listos para afrontar las responsabilidades de la convivencia. No tuvieron quién se los dijera, por eso decidieron vivir juntos con quienes muy pronto serían mis abuelos.

Me gusta mucho el segundo capítulo del libro *Una vida con propósito* de Rick Warren. Este se titula: «No eres un accidente». Aquí, el autor nos recuerda que, mucho antes de ser concebidos por nuestros padres, fuimos diseñados en la mente de Dios. No es por causa del destino ni de la casualidad, ni de la suerte, tampoco por una coincidencia que, en este mismo instante, estemos respirando. Tenemos vida porque... ¡Dios quiso crearnos! Por esa razón nací un

10 de septiembre. En un día poco romántico en casa de mis abuelitos fui concebido, y a los nueve meses llegué a este mundo.

Ahí estaba yo. Mis padres decidieron llamarme Edgar Alexander Campos Mora, que luego fue más conocido como Alex C. No me acuerdo mucho de mis primeros años, pero lo que sí quedó marcado en mi mente fue las fuertes peleas entre papá y mamá.

Qué difícil fue crecer en medio de un campo minado de desconfianza, celos, amargura, engaños y mil cosas que apenas podía comprender. Claro que, en medio de tanto dolor, había cosas alegres. Por ejemplo, jugar al fútbol con papá. Eso nunca lo olvidaré. Recuerdo aquel balón de cuero con figuras geométricas que solíamos patear mientras los adultos estaban en el descanso de su propio partido. Pero aun en este recuerdo alegre lo feo era que, al final del día y del intenso juego, la mayoría de los jugadores de su equipo celebraba su triunfo o ahogaba la pena de la derrota con licor. Este recuerdo «alegre» terminaba en grandes borracheras que luego pasaban a ser peleas seguras cuando cada uno llegaba a su hogar, entre los cuales estaba mi papá.

Septiembre 10/77
1° AÑO.

Compañero de aventuras

En este crecer de mi vida no estaría solo. Nació mi cómplice y a la vez mi acusador. Mi amigo y mi enemigo, mi compañero y mi hermano. Lo llamarían Luis Francisco Campos Mora. Con Lucho, como le decimos, crecimos viviendo cada uno de los momentos confusos de nuestra infancia en silencio. Nunca nos preguntamos el porqué de los acontecimientos, tan solo observábamos o participábamos del desorden. Con nuestra indisciplina nos ganamos fuertes castigos y regaños. Pero hoy, al verlo a la distancia, siento que era todo parte del mismo cuadro. Quizás por eso nos enviaron a un colegio militar. Allí fue donde vivimos una de nuestras aventuras, o más bien desventuras. ¡Qué martirio fue estudiar en un régimen que a mi pequeño juicio era demasiado riguroso! Te explico: si llegabas tarde, te ponían en ridículo; si tenías el cabello un poquito largo, te hacían un moño para que te vieras como una mujer; si te portabas un poco mal, te man-

NO ES POR CAUSA DEL DESTINO NI DE LA CASUALIDAD, NI DE LA SUERTE, TAMPOCO POR UNA COINCIDENCIA QUE, EN ESTE MISMO INSTANTE, ESTEMOS RESPIRANDO.

daban al calabozo, un lugar oscuro y pequeño donde, para entrar, tenías que agacharte. ¡Ah, y ni decir cuando perdías una materia! Por lo general nunca tuve habilidades para el español ni las matemáticas. Esto me significaba dos palmadas en la cara dadas por el rector de aquel «respetable» establecimiento, y de remate, otros fuertes golpecitos que, si no eran emprendidos por mi papá, los daba mi mamá, si es que no se los encomendaban a mi abuela. Sí, mi abuelita. A ella le teníamos un miedo terrible. Como muchas de las peleas de mis padres concluían en que mi papá se iba algunos días de la casa, eso hizo que mis abuelos comenzaran poco a poco a tener responsabilidades sobre nosotros.

Bueno, pero fue en esa época que pequeños destellos de talento comenzaron a relucir en las pocas fiestas adonde íbamos con mi familia. En esas celebraciones, la mayor parte de las personas estaban borrachas, pero como por aquel entonces la canción favorita de mis papás era «La mochila azul», que interpretaba el reconocido entonces niño mexicano Pedrito Fernández, comenzaron a pedir que la cantáramos. Si alguna vez alguien se preguntó por qué mi inclinación por la música mexicana, espero haberle respondido aquella duda. Crecí escuchando los mariachis que acompañaban a Pedrito Fernández... ¡Sí, señor!

Pronto nos cambiaron de colegio, ¡gracias a Dios la plata no alcanzó para seguir estudiando en aquel régimen militar! Fue así que las festividades en que participábamos comenzaron a multiplicarse, también las presentaciones musicales...

Yo no soy un pirata

Mi hermano y yo solíamos jugar con un pequeño juguete

rojo que consistía en introducir filminas y, a través de unos lentes, observar una secuencia de dibujitos que pasaban cada vez que movíamos una palanca. Una tarde, mirando una de ellas, me di cuenta de que algo estaba mal. Cuando observaba a mi hermano ver las filminas, veía que no tenía que mover su cabeza ni cambiar de ojo para hacerlo y me pregunté: *¿pasa algo con Lucho?* Yo, para poder ver los dos orificios, tenía que hacerlo a través de mi ojo izquierdo. Así que, cada vez que cambiaba la filmina, mi ojo tenía que hacer el movimiento de mirar por los dos orificios. Me llamó la atención que mi hermano viera lo mismo por ambos lados. Así que definitivamente pensé que a él algo no le funcionaba bien. Pero fue con ese juego que nos dimos cuenta que yo era el del problema.

Cuando mi madre se enteró de que yo tenía un problema con mi ojo, decidió llevarme al especialista. Descubrieron aquel día que tenía un desprendimiento de retina. No veía por mi ojo derecho. Eso hizo que a los pocos años, me saliera una catarata. Mi ojo se puso blanco. Esto comenzó a causar algunos traumas en mi niñez. Mis amigos me veían de una forma diferente; muchos se burlaban de mí. Me empezaron a poner sobrenombres, como el hombre lobo y el pirata. Y este último me lo apodaron por un buen tiempo. Yo pensaba: *No soy un pirata*; pero ese pasó a ser mi sobrenombre durante parte de mi infancia.

Mis padres comenzaron a buscar desesperadamente alguna solución. Consultamos con diferentes especialistas que se acomodaran a nuestro presupuesto; o mejor dicho, a nuestra falta de presupuesto. Escuchamos diferentes diagnósticos, y la conclusión fue que probablemente me había dado un golpe cuando era más niño. Esto hizo que se me desprendiera la retina y que ocasionara la pérdida de visión. Por eso tenían que hacerme una cirugía que, según la doctora, era muy peligrosa. Además debía hacerse en mi desarrollo, es decir, más o menos a la edad de los diecisiete a los dieciocho años. Mi madre, angustiada, buscó otras soluciones que pudieran dar un mayor e inmediato resultado.

Fue así que llegamos a casos extremos como conocer una bruja. ¿Acaso las brujas existen? Esa fue la pregunta que me hice cuando escuché ese título. ¿Bruja? ¿Qué niño quiere ir a ver a una bruja?

Pero esta sí existía. Cuando llegamos con mamá a un barrio en Bogotá llamado La Candelaria, donde había una fila de unas cincuenta a cien personas más o menos, y era como eso de la media noche, supe que sí existían...

Al entrar a esa casa fea y acabada, me encontré con una anciana rodeada de animales. Había perros, gatos, pájaros, y más. Era un lugar que producía miedo y asco. Aquella mujer tomó mi mano, torció sus ojos como en una película de terror y comenzó a decir cosas incoherentes que yo no entendía. Realmente fue una experiencia que, para la edad que tenía en ese momento, causaba mucho terror.

Otra de las muchas puertas que tocamos fue una sesión espiritista con José Gregorio Hernández. Un santo, un médico... que sé yo, pero así le decían a este espíritu. A mí no me interesaba saber quién era ese fulano. Lo que me llamaba la atención era que ya estuviera muerto... Sí, eso decían. La idea de esta nueva experiencia fue que, después de varias sesiones, él vendría y me haría una cirugía en una de sus «visitas». Recuerdo que prepararon el cuarto. Aceite y sabanas blancas eran algunos de los elementos que me acompañarían en esa noche fría y solitaria. La recomendación que me dio el «médium» era quedarme derecho y quieto, ya que si me llegaba a mover, este espíritu no me podría operar. Cuando quedé solo, no sabía qué pensar. Muchas sensaciones pasaron por mi mente: miedo, expectativa. Llegué a sentirme ridículo, pero también con la esperanza de poder ver por mi ojo. Realmente fue una larga noche. Lo único que pasó fue que el aceite cambió un poco de color y, al medio dormirme, cambié de posición... Supuestamente eso fue lo que causó que José Gregorio Hernández nunca llegara a operarme... Al menos eso fue lo que nos explicaron a la mañana siguiente. El resultado fue que yo seguía sin ver de ese ojo. Esa noche había sido una gran pérdida de buenas horas de sueño y a mis padres los seguían engañando. Dice la Biblia que donde no hay dirección sabia,

DEBIDO A QUE NUNCA ME TRATARON LA VISTA RESPONSABLEMENTE EN MI NIÑEZ, TENGO PROBLEMAS PARA VER.

caerá el pueblo (cf. Proverbios 11:1). Y eso fue lo que no tuvo mi familia: la dirección de Dios.

Hoy todavía tengo dificultades con mi ojo derecho, y es por eso que uso gafas tan seguido. Algunos que me han visto usarlos tan seguido creen que lo hago solo para estar a la moda, pero lo que no saben es que, debido a que nunca me trataron la vista responsablemente en mi niñez, tengo problemas para ver. Hace poco, por ejemplo, tuve la oportunidad de visitar Orlando, Florida, y algunos de sus parques. En algunas de aquellas atracciones veía cómo mi esposa se gozaba con las películas en 3D (tercera dimensión). Con tristeza entendí que, para ver esta clase de atracciones, necesitas de tus dos ojos.

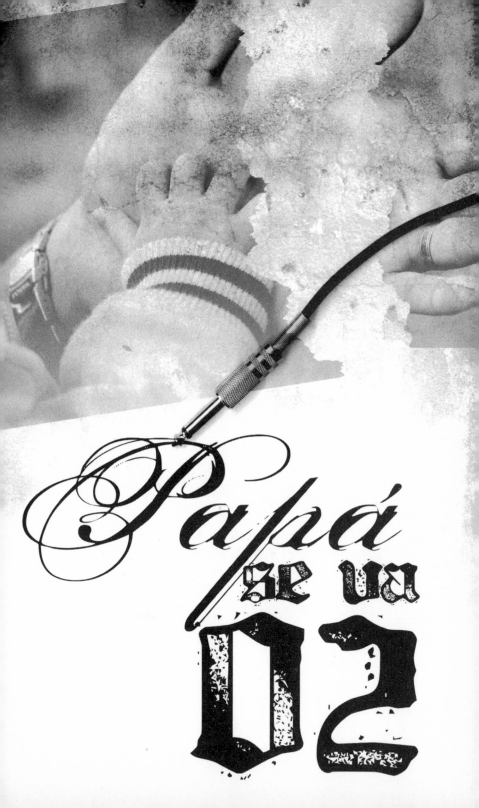

«YO SÉ QUE MI REDENTOR VIVE,
Y QUE AL FINAL TRIUNFARÁ.
Y CUANDO MI PIEL HAYA SIDO
DESTRUIDA, TODAVÍA VERÉ A DIOS
CON MIS PROPIOS OJOS». (JOB 19:25-26)

«EL SEÑOR ... NO DEJARÁ
A SU HERENCIA EN
EL ABANDONO». (SALMOS 94:14)

Dos nuevos integrantes llegaron a la casa sin que ninguno de los miembros de la familia lo hubiéramos planeado, y menos Luís o yo. Nacieron mis dos hermanos menores: Wilson Enrique y John Pablo. Ahora éramos los cuatro mosqueteros, que de mosqueteros solo teníamos el debatirnos entre las continuas peleas de papá y mamá.
Esos fueron mis primeros años, y no puedo ocultar que me generaron mucho dolor. Pude ver con solo un ojo cómo el calor de mi hogar se convertía en un anhelo inalcanzable, cómo el frió invierno de mi realidad no era parte de lo que soñaba.

Poco a poco me acostumbré a ver a papá irse de casa por algunos días y luego regresar. Aún recuerdo con alegría cada vez que llegaba de nuevo. La mayoría de las veces lo hacía con un mariachi para cantarle una serenata de reconciliación a mi mamá, y traía un rico pollito asado con papita salada. Para mí era emocionante escuchar la melodía de aquellas trompetas que entonaban canciones de perdón y de amor mientras mis hermanos y yo disfrutábamos de una presa de aquel jugoso pollo. Esos eran pequeños momentos donde veíamos a papá y mamá con una sonrisa y viviendo en paz. Pero llegó un día donde papá regresó y no lo hizo de la forma que todos esperábamos. Fue todo lo contrario, lo hizo muy silenciosamente para no despertarnos. Yo lo oí entrar a su habitación y hablar con mamá. Me levanté y traté de prestar atención a lo que decían. Fue cuando escuché las palabras más difíciles de mi niñez; romperían mi corazón en mil pedazos. Le comunicó a mi madre que se iría definitivamente de la casa, que estaba aburrido y cansado de tanta pelea

¿Qué niña?

Esas primeras palabras que escuché fueron tan solo una primera puñalada. Luego explicó que viviría con otra familia. Ese fue el golpe más inesperado que me desangraría por muchos años. Pero luego vinieron las palabras que me produjeron la mayor confusión. Le explicó a mi mamá que muy pronto tendría una niña con otra mujer. Él siempre, después de que yo nací, quiso tenerla, pero ahora lo había logrado lejos de casa. Instantáneamente sentí que otra persona había tomado el lugar que yo ocupaba en el corazón de mi padre. Fue así como me arrebataron lo que yo más amaba en el mundo. No podía seguir escuchando. Salí llorando a mi habitación y guardé silencio al querer pensar que tan solo era una pesadilla, que, en la mañana, vería de nuevo a papá.

Todo cambiaría de ahí en adelante. Ya no seríamos los mismos. En especial mi madre, que amo y honro por el valor con el que afrontó ese momento. Ella pondría en sus propios hombros la pesada carga de sostener un hogar y sacar adelante con mucho esfuerzo a sus cuatro hijos. Sé que fue muy difícil para ella, ya que no solamente estaba herida, también se sentía sola y abandonada. Fue así que, con lágrimas en su corazón y con una herida que no paraba de sangrar, poco a poco nos levantó, además de formar en nosotros gran parte de lo que somos hoy.

Nuevas responsabilidades

Mi hermano menor, John, era todavía muy pequeño y teníamos que tener un cuidado especial con él. No se podía arreglar solo y mamá tenía que trabajar. Así que el día se repartía entre ir al colegio, ayudar a hacer la comida, tener la casa limpia y sobre todo cambiarle los pañales al bebé. Como la situación económica se hizo más apretada, no podíamos darnos el lujo de comprar pañales desechables. Teníamos que hacerlos con tela y colocárselos con un gancho. Eso era relativamente sencillo, lo complicado era quitarlos; ni lucho ni yo nos animábamos a hacerlo con diligencia. Pero lógicamente, al ser yo el mayor, se depositaba en mí una mayor responsabilidad cada vez que mamá no estaba. Así que terminaba en el patio lavando varias veces al día los pañales de tela de mi querido hermano. Creo que fue una muy buena escuela la que tuve con él; y sé que mi esposa estará agradecida cuando me toque hacerlo con mis propios hijos.

Al poco tiempo que papá se marchó, volvimos a vivir con mis abuelos Luis Mora y María Forero. Ellos tenían alquilada una casa muy grande donde, junto con otros inquilinos, comenzamos a vivir. Estar allí era un poco más fácil, ya que mi abuelita nos cocinaba, lo que nos quitaba un gran peso de encima. Por otra parte nos distraíamos aprendiendo y ayudando a mi abuelo en su zapatería a poner tapas, limar suelas y martillar cuero. Esas fueron algunas de las cosas que él me ponía a hacer. Lo disfrutaba mucho, pues en él veía la figura paterna que había perdido. Así que entre remiendos, tapas y tacones mi abuelo solía contarnos sus historias de cuando era joven. Siempre me encantó escucharlo. Rara vez lo vi de mal genio y mucho menos enfermo. Mi abuelo sí que era un «roble».

Mi abuela, por su parte, fue una mujer estricta y disciplinada. Al momento de reprender era muy severa y fuerte. Le teníamos miedo cuando se molestaba, buscábamos dónde escondernos cada vez que hacíamos alguna travesura, pues era seguro el castigo que nos daría. Ella creció trabajando en medio de obreros y sin conocer a sus padres. Tuvo una niñez, a mi forma de ver, triste y cruel. Eso hizo que se formara en su ser un carácter duro, sin muchos sentimientos, y con una voz de mando que hasta mi abuelo temblaba al escucharla. ¡Qué tal! Sin embargo, mis abuelos fueron personas que nos ayudaron a salir adelante; renunciaron a sus sueños para vivir por los nuestros.

El primer milagro

En el segundo nivel de la casa que mis abuelos tenían arrendada vivían unos jóvenes que asistían a una iglesia cristiana. Eran personas muy formales. Cada vez que tenían la oportunidad, invitaban a mis abuelos a la iglesia adonde ellos asistían. Pero siempre tenían un pretexto para decir no. La realidad era que, por ser evangélicos, mis abuelos los consideraban locos y extraños. Pero llegó el día en que mi abuela se enfermó y comenzó a sentirse mal de su brazo derecho; ya casi ni lo podía mover. Fue allí donde estos jóvenes encontraron una buena razón para que ellos accedieran a su invitación. Así que asistimos un domingo por la mañana a aquella extraña iglesia donde dos personas que llegaron de otro país oraron por los enfermos. Sus nombres eran los hermanos Osbord.

Aquel domingo se sentía en el ambiente mucha alegría. Había gente danzando, gritando, llorando... en fin, después de haber visitado algunos lugares extraños, este no se me hacía tan raro. Cuando llegó el momento de la oración, mi abuela puso la mano en su brazo como la guiaban estas personas. Después de unos minutos, comenzó a sentir un alivio sobrenatural. Mis abuelos estaban asombrados por lo que veían en ese recinto, pero más por lo que sentían de parte de Dios en ese momento. Yo realmente no sentí nada, aunque sí recuerdo que me hicieron poner mis manos en mi ojo derecho para que Dios pudiera sanarlo, pero la verdad no le presté interés.

De todas maneras, religiosamente comenzamos a asistir cada domingo a aquella iglesia. Se trataba de la Misión Carismática Internacional. Mi madre y mis hermanos comenzaron a congregarse en mayo del año siguiente. Fue así que mi familia comenzó poco a poco a seguir a Cristo. Lentamente mi madre adquirió un compromiso más fuerte con Jesús. Su vida comenzó a ser restaurada y ministrada. Algunas de las personas que Dios utilizó para ayudarnos fueron el hermano Zapatica y su esposa

MIS ABUELOS ESTABAN ASOMBRADOS POR LO QUE VEÍAN EN ESE RECINTO, PERO MÁS POR LO QUE SENTÍAN DE PARTE DE DIOS EN ESE MOMENTO.

Carmencita. Ellos cuidaban y mantenían el templo reluciente. ¡Qué pareja más linda! Eran humildes y serviciales. Carmencita pasaba algunas horas después de las reuniones animando a mamá a seguir adelante. Mientras tanto, yo miraba cómo aquel hombre hacía el aseo de la iglesia, y un día me pregunté: ¿por qué no lo ayudo a hacer el aseo de la iglesia mientras mi madre se desocupa? Entonces fue cuando, por primera vez y de pronto sin saberlo, comencé a servirle a mi Señor. Lo primero que hice fue levantar las sillas, que siempre eran bastantes, como unas dos mil. Después ayudé a barrer... a trapear... a secar, y, por último, a lavar los baños. Recuerdo que después de ayudarlo, subía a la librería para ver en qué más podía colaborar. Allí estaban dos personas que me mostraron su amor y cariño, Julita y su esposo, al que le decían el hermano Tapiero. Nunca le pregunté su nombre, solo sé que todos le llamaban así.

Pero una de las cosas que más me llamaba la atención cuando hacía el aseo era ver el ensayo de los músicos. Me encantaba escuchar cómo, paso a paso, componían una canción.

¡Eran personas increíbles! Y desde luego que el instrumento que a primera vista me llamó la atención fue la batería. Me enfocaba en mirar cómo el que la tocaba hacía cada ritmo. Podía sentir cómo fluía cada uno de sus golpes; era como si yo estuviera en su lugar. Una tarde, después de que ellos terminaron de ensayar y se fueron, tomé las baquetas (que había visto dónde las escondían) y me dispuse a tocar. Imaginaba la música en mi mente y la seguía al compás de la batería.

Uno de esos días, donde me encontraba concentrado tocando, apareció el director de la banda. Su nombre era Jimmy. Se quedó mirándome y me preguntó dónde había aprendido a tocarla. Yo no sabía qué responder. Pero luego él tomó el piano y, tocando una melodía, me pidió que lo siguiera. Era una canción rápida que me gustaba mucho y que había visto ensayar. No sé por qué me sentí en confianza, pero comencé a tocar de forma muy natural. Dejé que las notas y el ritmo fluyeran solos. El resultado de todo eso fue que el joven me animaría a seguir aprendiendo y a participar de los ensayos cada vez que lo pudiera hacer. Esa fue mi primera experiencia como «músico». Tendría tan solo once o doce años de edad.

Mi Padre celestial

Después de asistir religiosamente a la congregación, un sábado, en la reunión habitual de jóvenes, mientras danzábamos y cantábamos, me detuve a analizar lo que pasaba por mi mente: *¿Qué hago yo aquí si para mí Dios no existe? Si así fuera, no hubiera permitido que mi papá se hubiera ido de casa.* Por primera vez comencé a conversar con sinceridad conmigo y luego con Dios. Le dije: «Si tú existes, por qué te llevaste a mi papá». Pero instantáneamente pensé: *Cuando hago cosas equivocadas, no es Dios el que las hace sino yo.* En ese momento comencé a abrirle mi corazón a Jesús y a entregarle el dolor que había dejado la partida de mi padre. Llorando le pedí que si existía, viniera y tomara el lugar que había dejado él. Lo repetí una y otra vez. Y, en el sonido fuerte de la música, mi voz se levantaba pidiendo un toque sobrenatural. Mi fe y mi necesidad de ser lleno por su amor comenzaron a hacerse realidad por primera vez. Recuerdo que, minutos después, increíblemente en medio del llanto y el dolor sentí cómo alguien comenzó a abrazarme de una manera tierna y llena de amor. Sentí como si mi papá me estuviera abrazando. Explicarlo o escribirlo en un papel nunca describirá lo que esa tarde sentí. El Creador del

EL CREADOR DEL UNIVERSO, EL ALFA Y LA OMEGA, EL REY DE REYES Y SEÑOR DE SEÑORES ABRAZABA A UN PEQUEÑO NIÑO.

universo, el Alfa y la Omega, el Rey de reyes y Señor de señores abrazaba a un pequeño niño y, en sus palabras dulces y melodiosas, le decía que era su padre, su amigo, su todo.

Hoy puedo entender que no es suficiente con asistir a la iglesia. Eso no te hace salvo. Recuerdo en ese entonces escuchar una ilustración que me hizo entender que, para tener una relación y llamarnos hijos de Dios, debemos no solamente ser oidores o asistentes sino hacedores, personas que marquen la diferencia. El ejemplo nos daba a entender que esto era como un carrito destartalado y viejo que se encontraba pasando al frente de una bodega de autos BMW último modelo. Al hacerlo se dijo a sí mismo: entraré y me haré al lado de aquellos autos y entonces me sentiré como uno de esa prestigiosa marca.

Bueno, muchos se encuentran así en el mundo. Asisten a la iglesia y creen que, con solo entrar y colocarse al lado de un hermano fiel y consagrado, su vida y comunión con Dios bastará. Pero la realidad es que este carro viejo y acabado debe pasar por un largo proceso: ser desarmado para volverse ensamblar con piezas nuevas. Algo así como morir y nacer de nuevo para que sus feas latas, su motor acabado y sus llantas desgastadas pasen a ser algo hermoso y admirado.

Mi relación personal con Dios comenzó aquella tarde. Y aunque organizaba las sillas del templo, hacía el aseo de la iglesia y hasta ayudaba con la alabanza, solo hasta después de aquella tarde le entregué de verdad mi vida entera a Dios y dejé que me abrazara. Ese día la luz brilló en mi oscuridad. Poco tiempo después integré ya en serio el grupo de danzas, donde aprendí lo importante que es la alabanza y la adoración a través de nuestros movimientos. Mi proceso de conocerle estaba en sus primeros pasos. Comenzó a ser emocionante pasar horas en la iglesia para aprender, servir y tocar cada uno de los instrumentos. Lo que había comenzado con una escoba cuando barría el templo ahora estaba limpiando mi propia vida.

«ENTONCES EL HOMBRE REJUVENECE; ¡VUELVE A SER COMO CUANDO ERA NIÑO! ORARÁ A DIOS, Y ÉL RECIBIRÁ SU FAVOR; VERÁ SU ROSTRO Y GRITARÁ DE ALEGRÍA, Y DIOS LO HARÁ VOLVER A SU ESTADO DE INOCENCIA». (JOB 33:25-26)

La situación económica en casa seguía siendo difícil. Muchas veces no teníamos dinero para el transporte hacia la iglesia los domingos. Pero nuestro amor por el Señor era más fuerte que nuestra necesidad. Debido a esta circunstancia, mi familia decidió congregarse en una iglesia cercana a nuestra casa, donde pudiéramos asistir sin tomar ningún transporte público. Así fue que llegamos a la iglesia Filadelfia, en un sector en Bogotá llamado Santa María del Lago.

A mí esta decisión no me gustó. No quería dejar de ir a la iglesia a la que asistía. Me sentía bien cuando colaboraba con el aseo y no quería renunciar a ser parte del grupo de danzas. La Misión Carismática Internacional era *mi* congregación, así que me busqué una solución. Tenía una pequeña ayuda económica de parte del hermano Zapatica. Él quería ayudarme con el transporte porque yo le ayudaba con la limpieza, pero su generosidad económica no me alcanzaba para ir todos los días, así que esto me llevó a ingeniarme otros recursos para poderme desplazar. Comencé a subirme a los buses por la puerta de atrás... Veía que los vendedores ambulantes lo hacían en cada paradero. Al principio fue un poco incómodo, pues los pasajeros que estaban atrás me miraban expectantes como si esperaran que les ofreciera algo. Pero solo me quedaba sentado en las escaleras y trataba de que el conductor no se diera cuenta de que me había subido a su bus, y no precisamente pagando el pasaje.

La mala hierba entre la buena

En esos días, también conocí a una persona que siempre vendía empanadas y café a la salida de la congregación, era muy carismática y jovial; siempre hablaba de las charlas del pastor. Un día me pidió el favor de que lo ayudara, ya que tenía mucha demanda con sus empanadas y no podía con toda la cantidad. Poco a poco me involucré ayudándole hasta que llegó el día en que formalmente me ofreció trabajo en su casa cada fin de semana. La labor consistía en llegar el sábado en la tarde y ayudarle a preparar todo para el día siguiente. Luego salir a las cuatro de la madrugada con un carrito que empujábamos por casi tres kilómetros para estar en las cuatro celebraciones dominicales, que comenzaban a las seis de la mañana y terminaban a las dos de la tarde. Por último, debíamos empacar todo y volvernos empujando el carrito por aquellos tres largos kilómetros. Pero, para un chico de mi edad, esto estaba más que bien. ¡Era un trabajo y tenía que ver con la iglesia!

Alrededor del segundo fin de semana, él comenzó una conversación un poco incómoda sobre temas que realmente un niño de trece años solo debería tener exclusivamente con sus padres. Uno de los puntos que mencionó en esa incómoda conversación era que todos los niños tenían relaciones sexuales con sus padres y que esto era algo normal entre ellos. Él sabía que mi padre no vivía con nosotros, por eso aprovechó esa situación para robar mi inocencia. Este hombre abusó sexualmente de mí. Esto ocurrió como enseña Mateo 13 acerca de la mala hierba: «Pero mientras todos dormían, llegó su enemigo y sembró mala hierba entre el trigo, y se fue. Cuando brotó el trigo y se formó la espiga, apareció también la mala hierba» (vv. 25-26). Dios había estado sembrando trigo en mi ser, pero lo que este hombre hizo fue sembrarme la mala hierba del enemigo. ¡Y aunque escuchaba los sermones en la iglesia y estaba siempre en la puerta, sin dudas que era usado por Satanás para destruir la obra que Dios hacía en mi vida! Todo de ahí en adelante cambiaría; yo ya no sería el mismo.

Me sentía sucio, con mucho miedo, indigno del amor de Dios y confundido. No quería que nadie supiera lo que había ocurrido, ni siquiera mi familia. Me era difícil contarle a mi madre lo que me había pasado, no tenía ni idea de cómo hacerlo. Y si no lo hacía con ella, mucho menos lo comentaría con otra persona. De hecho, no sabía cómo decirle que no quería volver a aquel trabajo. Pensaba que si se lo decía, supondría que yo había hecho algo malo y averiguaría qué había pasado. Así que al sábado siguiente decidí salir de casa como siempre sin que mi madre notara nada. Al llegar a la casa de aquel hombre, no quería entrar. Estuve en su puerta, pero me arrepentí y no llegué. Tuve miedo de que eso me volviera a ocurrir. Así que comencé a caminar por la calle y a pensar qué hacer. Poco a poco fue llegando la noche; no tuve más remedio que entrar a su casa y tratar de evadir cualquier conversación o comentario que recordara lo ocurrido la semana anterior. Pero no pasó mucho tiempo para que comenzara intensamente a preguntarme sobre lo que había pasado. Él sabía que tenía a un niño confundido y lleno de miedo en sus manos, que podía fácilmente manipular. Lo que pasó de ahí en adelante y la

AUNQUE ESCUCHABA LOS SERMONES EN LA IGLESIA Y ESTABA SIEMPRE EN LA PUERTA, SIN DUDAS QUE ERA USADO POR SATANÁS PARA DESTRUIR LA OBRA QUE DIOS HACÍA.

semana siguiente no vale la pena recordarlo. Lo único que sé es que mi inocencia fue arrebatada. Mi área sexual en ese momento quedó vulnerable al pecado e inclinada a hacer lo contrario a los planes de Dios. Pero, a pesar de todo, el Señor siempre fue bueno conmigo. De todas formas ese encuentro con la mala hierba me causó mucha confusión.

A la tercera semana de trabajar con este individuo decidí no regresar más. Tampoco volví a la iglesia, y no porque no quisiera sino por miedo a encontrármelo de nuevo. ¡Cómo me dolió separarme de aquella iglesia tan especial! El temor de que mamá fuera con este señor a ver qué había pasado se hizo realidad. Decidió visitarlo y preguntarle si había ocurrido algo. Cuando íbamos de camino para allá, no sabía cómo reaccionaría ella si se enteraba de lo que había sucedido. Cuando llegamos, este hombre actuó como si nunca hubiera pasado nada. Al contrario, le mostró a mi madre que estaba extrañado de que yo no hubiera vuelto, y la verdad preferí esto a que mi madre descubriera la realidad. Sin más que decir, salimos de aquel lugar y yo decidí guardar silencio e intentar olvidar aquel capítulo amargo de mi vida.

Por todo eso que me ocurrió fue que decidí asistir al domingo siguiente a la iglesia donde mi familia se congregaba. Cuando entré, extrañé mi iglesia, sobre todo porque la música no me gustaba y porque los pastores me parecían muy aburridos. No quería ser parte de aquella congregación. Así que tomé una posición negativa y rebelde con las cosas de Dios y no quise volver a ninguna iglesia. Después de un tiempo, algunos amigos de mi hermano que formaban parte de aquella iglesia me invitaron una tarde a jugar fútbol. No había algo más emocionante en ese entonces que poder salir a jugar mi deporte favorito. Así que acepté la invitación y poco a poco comencé a hacerme muy buenos amigos. De pronto, sin darme cuenta, regresé a la iglesia y comencé a ser parte de aquella pequeña congregación, la Iglesia Filadelfia. Es increíble la influencia negativa o positiva que puede tener un grupo de amigos en los adolescentes.

Sin embargo, Dios conocía el dolor y la herida que había guardado en mi corazón, la ausencia de mi padre, el abuso de esta persona supuestamente cristiana y también mi situación física por no poder ver por uno de mis ojos. Todo eso me llenaba de angustia.

Correr a sus brazos

La iglesia organizó un retiro de adolescentes. Yo me emocioné mucho. Me pareció una gran oportunidad para pasar unas buenas vacaciones. Estos encuentros se realizaban a las afueras de Bogotá, donde había piscina, canchas de fútbol y una diversidad de elementos que hacían de esta invitación algo muy especial y atractivo. Era un poco difícil para mi madre poder enviarnos, ya que no tenía la manera de pagar el monto que se cobraba. Pero el pastor, al ver la necesidad que teníamos en casa, nos ayudó para que no nos perdiéramos aquella bendición. Doy gracias a Dios por él, pues desde ese momento cambió el concepto que tenía sobre su forma de ser. Me parecía muy aburrido. Bueno, fue así que partimos a nuestro encuentro con mucha emoción y expectativa. Cuando llegamos, era como me lo imaginaba: fútbol, piscina, amigos, comida... ¡qué más podía pedir en ese momento! Dios

TÚ ERES MI HIJO, YO SOY TU PADRE. YO ESTUVE ALLÍ CUANDO LLORASTE, LA AUSENCIA DE PAPÁ; YO TAMBIÉN LLORÉ.

tenía preparado algo muy especial que le daría un nuevo impulso a mi vida, algo por lo cual me encontraba en aquel lugar. Yo creía que lo que estaba viviendo ya era todo en el cristianismo, pero no, había algo más poderoso y sublime que le daría a mis pasos la dirección correcta por dónde caminar. Esta salida también tuvo un ingrediente que no esperaba que fuera así de especial y de importante: las conferencias que se realizaban en las mañanas y en las noches. La primera mañana la conferencia estuvo a cargo de Igna de Suárez, Susan y Martha León. Tres mujeres increíbles que reflejaban la ternura y el amor de Dios. Recuerdo que, después de una de las charlas, comenzaron a ministrar sobre sanidad interior. Cada minuto se tornó más intenso. Comencé a sentir una vez más aquel amor de Jesús que hablaba a mi ser.

Lo que escuché fue precisamente esto:

«Ven a mis brazos. Recuerda que yo te di la vida. Te vi nacer. Tú eres mi hijo, yo soy tu Padre. Yo estuve allí cuando lloraste la ausencia de papá; yo también lloré. Como tú, también sufrí el abandono de mi Padre al morir en aquella cruz. Sé que te hirieron y que pusieron una dolorosa marca en ti al sufrir el abuso sexual; también de mí abusaron, me lastimaron y golpearon. Como tú, también sentí el desprecio y la soledad. Pero hoy es tiempo de perdonar y ser perdonado. Yo soy el que limpia y sana tus heridas, el que te lleva de la mano. Estoy aquí para llenar cada espacio de tu corazón. Yo soy el que suple tus necesidades, pues conozco lo que es bueno para ti. Te hice con un propósito: tú eres mi deseo, en ti está mi pensamiento, sobre ti puse mis ojos. Así que levántate y camina. Yo estaré contigo, no tengas miedo. Te doy mi espíritu y el poder para vencer. Por eso, perdona a tus padres y bendícelos, perdona a aquella persona que te maltrató. Sé libre; sé sano... Presta siempre atención a mi voz».

No podía ser más exacto. Sabía que esas palabras eran para mí. Comencé a llorar al recordar cada momento que me había hecho sentir dolor. Una mezcla de sentimientos comenzaron a brotar de mi corazón: rabia, tristeza, soledad, menosprecio... cada área comenzó a ser tratada por el Maestro. Él estaba allí. Directamente sentí que curaba mis heridas, que limpiaba mis lágrimas, como un padre que ve caer a su pequeño y después lo toma en sus brazos y lo conciente para atenderle sus heridas. Así me encontraba yo, en medio de una presencia poderosa y sanadora que me llenaba toda ausencia, que me daba un nuevo impulso en mi carrera por amarlo y servirlo. Después de aquella milagrosa mañana, el proceso de perdón y restauración en todo mi ser continuó. No fue cuestión de un día, pero estar en sus brazos me dio la seguridad de que pasaría la tormenta y llegaría al otro lado del río.

Semillas de sueños

La iglesia siguió organizando aquellos increíbles retiros espirituales. En uno de estos, el pastor nos propuso a todos los chicos que preparáramos algo especial para el aniversario de la iglesia. Sin pensarlo mucho, sentí el impulso de levantar la mano y ofrecerme para participar. A mi alrededor no hubo muchas manos en alto... si bien no recuerdo creo que nadie más lo hizo. El pastor entonces me preguntó en qué quería participar. Yo miré a mi hermano Luis y a una amiga llamada Jimena y le respondí que queríamos cantar. ¿Cantar? Creo que fue la pregunta que se hicieron mi hermano y Jimena. Esa fue la forma en que sembramos uno de los sueños más increíbles que jamás hubiéramos podido vivir; lo hicimos con audacia.

NO FUE CUESTIÓN DE UN DÍA, PERO ESTAR EN SUS BRAZOS ME DIO LA SEGURIDAD DE QUE PASARÍA LA TORMENTA Y LLEGARÍA AL OTRO LADO DEL RÍO.

Mi hermano cantaba bien y Jimena sabía, al igual que yo, tocar la flauta dulce. Entonces escogimos una canción llamada «Yo soy Jesús». Esta la cantaba Rabito, de argentina. Comenzamos a ensayar casi todos los días después del colegio. Jimena y yo hacíamos la introducción en flauta y después mi hermano comenzaba con la primera estrofa. Nosotros nos uníamos en el coro y regresábamos una vez más con la introducción en flauta. Realmente era algo muy sencillo a los ojos de cualquier persona, pero era nuestro pequeño gran sueño. Ensayamos y dimos todo de nosotros para que saliera de la mejor forma posible.

El día tan esperado llegó. Todo estaba preparado. La reunión más especial siempre era a las once de la mañana, pero había dos celebraciones más: una a las ocho de la mañana y otra a las cinco de la tarde.

Reuniones sin mucha importancia para mi forma de ver.

En la primera tocaba madrugar, y en la de la tarde asitía

muy poca gente. Además, yo siempre prefería jugar con los amigos que se quedaban de la reunión de las once. Yo estaba preparado para mi reunión, pero el pastor hizo el anuncio de que nos presentaríamos en la celebración de la noche. ¡No! —grité dentro de mí—, en esa *no*. Pero no había más que hacer; teníamos que esperar a la tarde.

En la mañana hubo danzas, cantos especiales del grupo de alabanza, invitados especiales, en fin, mil puntos donde era obvio que una canción tan sencilla no tendría mucho lugar. Pero llegó la tarde y, para sorpresa mía, la congregación estaba llena. También había otros invitados que galardonaban aquella reunión. Incluso a esa edad me di cuenta de que Dios seguía tratando con mi carácter y mi autoestima.

Estaba un poco nervioso. No era lo mismo cantar *La mochila azul* en el jardín que estar enfrente de quinientas personas y cantarle a nuestro Dios. Nos anunciaron como representantes de los adolescentes. Estábamos allí únicamente los tres. Todos tenían sus ojos puestos sobre nosotros. Conté hasta cuatro para dar la entrada a nuestra canción y lo que pasó en los siguientes tres minutos no lo supe entender. Algunas personas comenzaron a llorar y hubo un silencio más allá del respeto y la atención. Al terminar hubo algo en la atmósfera que dejó a todos sin muchas palabras y con pocas ganas de aplaudir. Así que me pregunté mirando con mis ojos entre abiertos si probablemente no les había gustado. Estuve un poco confundido y no pude preguntarle a mis compañeros, ya que seguíamos de pie en la tarima sin que nadie nos dijera nada. De repente, el pastor se levantó de su silla y, al subir a la tarima, se acercó a nosotros. En voz baja nos dijo que interpretáramos otra canción.

La verdad no sabíamos otra... No sé lo que pudo pensar nuestro pastor, pero, después de pensarlo rápido, nos pidió que la repitiéramos una vez más. Lo hicimos. Aquel sollozo suave que habíamos escuchado en la primera ocasión se hizo poco a poco más intenso. Al terminar, el pastor subió con el equipo de alabanza y comenzaron a ministrar del amor de Dios. Nosotros salimos por la parte de atrás de la iglesia y vimos la actitud reverente de la gente. Hoy entiendo y comprendo que lo que sucedió aquella tarde fue una visita especial del Espíritu Santo. Dios, en su gracia, utilizó a tres pequeños muchachos para llenar el ambiente de su presencia. Cuando haces algo para Dios con un corazón sincero, te aseguro que cosas grandiosas comenzarán a pasar a tu alrededor.

Lo que vino después fue algo que no nos esperábamos. Recibimos la llamada de nuestro pastor que nos invitaba a participar de los ensayos del grupo de alabanza. Nos pareció increíble. Al sábado siguiente llegamos a eso de las dos de la tarde para estar en el ensayo. Todo estuvo muy relajado y muy tranquilo. No conocíamos a muchas personas, pues eran mucho mayores que nosotros. De pronto nos formaron en una línea y el pianista dio una nota. La idea era que cada uno interpretara una pequeña parte de una canción mientras los músicos tocaban. La verdad no entendí el fin de

CUANDO HACES ALGO PARA DIOS CON UN CORAZÓN SINCERO, TE ASEGURO QUE COSAS GRANDIOSAS COMENZARÁN A PASAR A TU ALREDEDOR.

ese ejercicio, como tampoco que para los coristas el ensayo había terminado. Pensé dentro de mí: *con razón no coordinan cuando cantan.* No era que yo supiera mucho de música, pero dentro de mí sentí que muchos de los que estaban allí necesitaban entender que ese no era su llamado y mucho menos su ministerio. No afinaban ni media nota. Así que yo no tomé muy en serio aquellas prácticas y poco a poco dejé de asistir.

Dos meses después, el pastor nos volvió a llamar. Esa vez fue para que cantáramos en una reunión especial. Así que, en una casa de un hermano, nos explicó que quería hacer una renovación en el ministerio de alabanza y que deseaba que fuéramos parte de un nuevo grupo. La reunión estaba acompañada de una deliciosa comida, una pasta de color verde con mucho queso. Solo me comí la mitad, pues me hacía falta el arrocito y la papita. ¡Se nota que no sabía nada de comida italiana! Allí encontramos caras nuevas; fue donde me presentaron a uno de los más grandes compositores que he conocido, Gonzalo Sánchez, un hombre apasionado por Dios que, con su guitarra, me inspiraba a cantar melodías a mi Señor. Él compuso una de las canciones más hermosas que he podido interpretar y que hoy lo hacen en muchos países: «Me robaste el corazón». ¡Gracias, Gonzalo, por darnos canciones que nos facilitan decirle a Dios que lo amamos de una forma diferente!

Después de la comida, el pastor anunció que ese era un nuevo tiempo para este ministerio. Él sentía que Dios nos utilizaría fuertemente y que estaba dispuesto a invertir de manera económica en lo que se pudiera mejorar. Así que a cada uno le dijeron cuál sería su responsabilidad. A mi hermano le dieron un pequeño teclado para que hiciera algunos adornos en medio de la adoración, y a mí me propusieron que tocara la flauta. Me pareció que esta vez las cosas sí iban en serio, así que tomé la decisión de mejorar en mi flauta y de aportar lo que más pudiera musicalmente a este increíble grupo. Nuestro debut comenzaría en la celebración de Navidad. Se montó un hermoso concierto navideño y compraron un tremendo piano electrónico que fue la sensación para cada uno de nosotros.

En ese tiempo tendría unos catorce años. Le ayudaba a mamá y trabajaba en las vacaciones en un periódico cristiano llamado «Desafíos». En ese mes de diciembre, aquella empresa me dio un pago increíble con el que compré un pantalón, una camisa y unos zapatos. La ocasión se prestaba para estar con la mejor de las pintas. Mi participación esa noche fue tocar la melodía de «Noche de paz». La presentación fue un instrumental, por lo que era muy importante que saliera de la mejor forma posible. Para eso me dieron una flauta dulce «gigante». Nunca había visto esta clase de instrumento. Me quedaba un poco grande para mis dedos, pero pude manejarla. Cuando llegó mi momento, me puse muy nervioso. Mientras tocaba, las rodillas no pararon de temblarme. Aquella vibración llegó hasta mi garganta e hizo que el sonido de mi flauta también se viera afectado. Cuando terminé, me sentí insatisfecho, porque sentí que aquella tembladera había arruinado aquel momento. Al terminar la reunión, algunas de las ancianas se me acercaron a felicitarme halagando la forma en la que había tocado la flauta. Eso me hizo sentir mejor. Supe que aquel «pequeño» instrumento en las manos de Dios podía ser de mucha bendición. Ese fue el comienzo de un tiempo grandioso en el cual aprender la importancia de la adoración, de entender que Dios quiere escuchar un instrumento más importante que cualquier otro que pueda interpretarle: mi corazón, ese que había pasado por mucho dolor, pero que le había entregado a él con toda sinceridad y sin vacilar.

«SU SEÑOR LE RESPONDIÓ: "¡HICISTE BIEN, SIERVO BUENO Y FIEL! EN LO POCO HAS SIDO FIEL; TE PONDRÉ A CARGO DE MUCHO MÁS. ¡VEN A COMPARTIR LA FELICIDAD DE TU SEÑOR!"». (MATEO 25:21)

«EL QUE LOS LLAMA ES FIEL, Y ASÍ LO HARÁ». (1 TESALONICENSES 5:24)

La situación económica en casa no seguía siendo la mejor. Eso hizo que de muy pequeño me inquietara por trabajar y poder ayudar económicamente a mi madre. Como ya conté en el capítulo anterior, el primer trabajo que desarrollé fue en mi primera iglesia como colaborador del aseo. No me pagaban con dinero, ya que era muy chico, pero sí nos ayudaban con comida. Recuerdo muchas veces llevar cestas llenas de diferentes productos a la casa. En esos momentos fue de mucha bendición para mi familia.

Mi madre es una persona que siempre ha estado dispuesta a servir al Señor. Eso la ha llevado a colaborar en diferentes entidades cristianas y a conocer a diferentes personas que nos extendieron la mano en tiempos de necesidad. Allí, tras mi madre, estaba empezando yo a trabajar en muchos de esos ministerios; colaboraba con lo que pudiera hacer.

Experiencias de preparación

Una de esas primeras aventuras fue en el periódico cristiano «Desafío». Un ministerio increíble cuyo fin era comunicar la verdad de Cristo a través de artículos que diferentes pastores del país escribían. Allí me desempeñé de «todero». Sí, hacía de todo y en todo lo que pudiera: mensajero, bodeguero, empacador y, en los devocionales, tomaba mi guitarra y dirigía los tiempos de adoración. ¡Cómo aprendí de toda esa experiencia!

Algo que también se realizaba en aquel lugar era la obra social.

FUE UNA ESCUELA MÁS QUE ENRIQUECEDORA LA DE DAR ALIMENTO A LOS QUE NO TENÍAN.

¡Esto me encantaba! Todos los jueves por la tarde salíamos en una camioneta llena de sopa caliente y pan. Nos íbamos a diferentes partes de Bogotá donde sabíamos que había mucha necesidad. De hecho, las personas que mayormente atendíamos vivían en las calles. Cuando llegábamos, se hacían largas filas donde no solamente repartíamos las sopitas sino que les compartíamos del amor de Dios para sus vidas. Esta experiencia me enseñó que lo que vivía en casa era todo un lujo al lado de ellos. Muchas veces esa gente se acostaba una y otra vez sin haber comido nada durante varios días. Gracias a Dios no recuerdo haberme acostado con mi estómago vacío. Siempre tuve un techo donde dormir. La situación que yo vivía nunca se compararía con la de estas personas, y me hizo muy bien notarlo. Fue una escuela más que enriquecedora la de dar alimento a los que no tenían.

Esta obra era liderada por una pareja de misioneros de Nueva Zelanda, los hermanos Lindsay y Denise Christie. El hermano Lindsey falleció poco tiempo después y dejó una fundación llamada CDA (Colegios Dios es Amor), que tiene como fin dar educación a niños de escasos recursos. ¡Qué privilegio haber sido parte de este grandioso ministerio! La hermana Denise fue también directora de un ministerio internacional llamado «El Club 700». Seguramente de donde quiera que seas habrás oído de este, porque llegó a ser un ministerio de gran impacto en el mundo.

Allí también hice de todo. Pero lo que más me gustaba hacer era editar los programas de radio que después eran ajustados a la programación de muchas emisoras del país. Al hacerlo, me encontraba con increíbles enseñanzas y desafiantes testimonios que me retaban para que marcara la diferencia. Muchas veces allí, en aquel pequeño estudio, mis ojos se llenaban de lágrimas cuando escuchaba cómo Dios se manifestaba con su fidelidad en la vida de muchas personas. Otra de esas aventuras fue en «Palabritas», una empresa de tarjetas, afiches, separadores y otras cosas donde, a través de dibujos y caricaturas, se habla del amor de Jesús con sus promesas. Allí me dediqué a ser mensajero, a llevar pedidos, a ir a los bancos... Bueno, esas eran algunas de las tareas diarias de mi trabajo. ¡Cómo trató Dios con mi carácter en las largas filas que tenía que hacer en esas entidades bancarias! Eso era algo que realmente no me gustaba hacer, pero, poco a poco, aprendí que no todo lo que haces en tu trabajo te debe agradar, que debía ser fiel en lo que hacía, me gustara o no, pues todo lo hacía para Dios.

También del otro lado

Aunque aparentemente no había nada grandioso en lo que hacía, fueron tiempos hermosos e intensos, y puedo decir que sentía la presencia de Dios en aquello en lo que me desempeñaba, y no solamente porque estaba relacionado con asuntos cristianos, pues también trabajé en empresas seculares. Muchas tareas fueron de verdad muy pesadas para mí; en ocasiones me costaba mucho poderlas realizar. Recuerdo tres en particular.

Una de esas fue en la Plaza del 7 de Agosto, aquí en Bogotá. A ese sitio se puede ir de compras. Es un lugar muy popular donde puedes encontrar toda clase de frutas y verduras a un precio muy económico. Allí un amigo me propuso comprar una bicicleta de carga para llevar pedidos de carne, queso, pollo... en fin, lo que los almacenes necesitaran mandar a domicilio. Me pareció interesante el hecho de que pudiera tener una bicicleta y de administrar mi tiempo mientras me pagaban por cada uno de los envíos a domicilio que realizara. Si hacía quince entregas diarias, podía ganarme veintiún mil quinientos pesos, que eran alre-

ESO ERA ALGO QUE REALMENTE NO ME GUSTABA HACER, PERO, POCO A POCO, APRENDÍ QUE NO TODO LO QUE HACES EN TU TRABAJO TE DEBE AGRADAR, QUE DEBÍA SER FIEL EN LO QUE HACÍA, ME GUSTARA O NO

dedor de siete dólares diarios en ese tiempo. Comencé llevando cualquier pedido que saliera. No me percaté de que la mayoría de los pedidos eran hechos por restaurantes que pedían grandes cantidades de cosas. Era mucho el peso que tenía que cargar, y poco a poco mis piernas comenzaron a flaquear. Si mal no recuerdo, creo que nunca llegué a hacer ni diez pedidos. Fue frustrante y desalentador pensar que no había sido capaz de cumplir con los objetivos que me había trazado. Como no tenía más opciones de trabajo, me tocó estar allí por varios meses.

Recuerdo que un día llevé un pedido a uno de esos restaurantes. La ruta que me tocaba tomar me mostraba un puente, y era inevitable no cruzarlo. No existían otras rutas alternas que me hicieran más fácil el trabajo. Además, el pedido que llevaba era tremendamente pesado. Traía carga tanto en la parrilla delantera como en la de atrás. Así que mi plan fue tomar mucho impulso para poder subir mi pesada bicicleta sin caerme. No quería pasar por la pena de tener que bajarme y empujar la bicicleta con toda su carga a pie. Todo estaba fríamente calculado, pero, al faltar como cien metros para llegar a la subida, y después de haber tomado todo el impulso necesario para no caerme, de pronto frenó un automóvil delante de mí y toda esa velocidad que había alcanzado tuvo su impacto contra el vehículo. Le rompí en pedacitos su luz trasera. Como la ley aquí dice que el que pega por atrás paga, pues ya se imaginarán a quién le toco hacerlo. En fin, terminé subiendo aquel puente pero a pie y empujando mi pesada bicicleta. Pocos días después salió el mismo domicilio. Era mi oportunidad de cobrar revancha a lo sucedido. La ruta estaba trazada, calculé la distancia de los autos que tenía al frente para que no me ocurriera lo mismo. Esta vez lo lograría. Cuando llegué a la mitad de aquel puente, mis piernas comenzaron a desfallecer, pero no quería «tirar la toalla». Estaba dispuesto a llegar a la cima, por eso no quise soltar los pedales. ...¡caí con bicicleta y todo! La carga completa se había desparramado en el suelo. Fue un desastre. Tuve que parar el tráfico para que no maltrataran la comida. Recuerdo que muchos autos pitaban y se burlaban de mí. Si no quería pasar de nuevo por la pena de que me vieran subir mi bicicleta a empujones, debía buscar otro trabajo. Eso fue lo que hice.

Días después decidí buscar otra cosa. Lo único que me salió fue vender bolsas de basura en la calle. Ese fue otro de los trabajos frustrantes. Yo decidía qué ruta o sector tomar para ir puerta a puerta a ofrecerlas. ¡Cómo me dolía cuando llegaba la tarde! No tenía ni un peso en mis bolsillos. Así que, para hacer más rápida la labor, pedí otra bicicleta prestada, que por cierto no me duraría mucho tiempo. A los pocos días me atracaron y se la llevaron. Como ven, fueron momentos en los que pensé que mi vida no tenía ningún propósito. Y podría mencionar muchas más historias de otros trabajos...

Ser fiel

Al pensar en este capítulo, mi deseo es animarte para que continúes creyéndole a Dios a pesar de que estés en medio de tiempos donde no parece que se cumplieran tus más profundos anhelos.

No importando lo duro o desagradecido que sea el trabajo que hagamos o el incomódo lugar que ocupemos, Dios es fiel y quiere que actuemos con esa misma fidelidad en las cosas que no nos agradan y que nos incomodan. Él permite esas situaciones en nuestras vidas porque nos prepararán para ser verdaderos campeones. Debemos recordar que no hay victoria sin pelea.

NO IMPORTANDO LO DURO O DESAGRADECIDO QUE SEA EL TRABAJO QUE HAGAMOS O EL INCOMÓDO LUGAR QUE OCUPEMOS, DIOS ES FIEL Y QUIERE QUE ACTUEMOS CON ESA MISMA FIDELIDAD EN LAS COSAS QUE NO NOS AGRADAN Y QUE NOS INCOMODAN.

La palabra de Dios nos enseña a ser fieles en lo poco. Jesús dijo:

«El que es honrado en lo poco, también lo será en lo mucho; y el que no es íntegro en lo poco, tampoco lo será en lo mucho. Por eso, si ustedes no han sido honrados en el uso de la riquezas mundanas, ¿quién les confiará las verdaderas? Y si con lo ajeno no han sido honrados, ¿quién les dará a ustedes lo que les pertenece?» (Lucas 16:10-12).

No se trata de «aguantar» en lo poco o «hacerlo rapidito»

para que pronto venga lo que deseamos. Tampoco de que lo hagamos quejándonos hasta que llegue algo mejor. Se trata de ser fieles. De dar lo mejor en todo y hacerlo con una actitud de agradecimiento. Aunque parezca que no pasa nada, si hacemos la voluntad de Dios, no hay nada mejor que podamos hacer.

Mi paso por la flauta, por ejemplo, no duró mucho tiempo. Después ayudé con la batería, el bajo y, por último, aprendí a tocar la guitarra, instrumento al que le tomé mucho cariño, pues me facilitaba escribir lo que serían mis primeras canciones para el Señor. Dediqué muchas horas para estudiarla. De hecho, comencé a tomar clases formales con profesores particulares. Luego me inscribí en una escuela especial de formación musical.

Creo que desde muy pequeño entendí que si quieres hacer algo, tienes que hacerlo con excelencia y debes dedicar mucho tiempo para perfeccionarlo; y más cuando se trata de ofrecerle algo a Dios, sin importar lo que sea pero que le agrade. Por eso te animo a que te formes y capacites en lo grande o pequeño que hagas.

Y bueno, no creas que estoy diciendo que no sueñes con cosas grandes. Creo lo que hoy se enseña en muchos congresos de jóvenes: a la medida de nuestros sueños conoceremos la grandeza de Dios. Si soñamos pequeñeces, conoceremos a un Dios que hace pequeñeces, pero si soñamos en grande, te aseguro que conocerás la grandeza de nuestro magnífico e increíble Dios. Pero debemos entender que todo sueño, meta y propósito implica que entremos muchas veces en un área de incomodidad donde aprenderemos a depender única y totalmente de Dios. Todos los obstáculos nos enseñarán a ser guerreros, luchadores y también triunfadores. Es también cuando parece que nada ocurre donde nuestra fe comenzará a ser más real y nuestra dependencia en el Señor se hará más práctica y emocionante.

05
¡ese es mi
Papá!

«YO SOY EL SEÑOR, DIOS DE TODA LA HUMANIDAD. ¿HAY ALGO IMPOSIBLE PARA MÍ?». (JEREMÍAS 32:27)

«ASÍ QUE MI DIOS LES PROVEERÁ DE TODO LO QUE NECESITEN, CONFORME A LAS GLORIOSAS RIQUEZAS QUE TIENE EN CRISTO JESÚS». (FILIPENSES 4:19)

¿Quién no desea ver milagros? Es imposible vivir una vida de fe sin verlos; y los vemos porque ser cristianos no es otra cosa que una vida de fe. Pero los milagros son todavía más increíbles cuando te suceden a ti. Sobre todo si estás en la niñez o la adolescencia. Así ocurrió en mi familia. Quien pensamos que nunca conocería a Dios, llegó a su momento de hacerlo.

Mi adolescencia transcurría como la de todo adolescente. Claro que con las consecuencias de las experiencias ya vividas. Llegó septiembre de 1994 y cumplí dieciséis años edad. No recuerdo las circunstancias precisas, pero sí que fui a un importante evento de adoración y alabanza. Este se llamaba «Música 94», y era el segundo año que lo realizaban. Yo estaba muy entusiasmado porque, realmente, para mí era una bendición muy grande, ya que se trataba de temas relacionados a la música pero enfocados al área espiritual. Allí se enseñaban muchos princi-

SIN DARNOS CUENTA, ESTÁBAMOS ABRAZADOS LLORANDO SIN DECIR NINGUNA PALABRA.

pios bíblicos con respecto a la adoración. Así que estaba listo para otra sorpresa de Dios, pero creo que la que ocurrió fue la más inesperada. Allí presencié uno de los milagros más tiernos y maravillosos de parte de mi Señor.

Me encontraba en la parte de afuera de ese gran coliseo. Buscaba a uno de los músicos que eran parte del ministerio musical de la iglesia, cuando, en medio de la multitud, me pareció ver a alguien que me recordaba a una persona que seguía amando con todo mi corazón. Sí, me pareció ver a mi padre. Dudé mucho que fuera él, pues se me hacía imposible que estuviera en un lugar lleno de cristianos. ¿Mi padre en un evento de adoración? Pero a medida que se acercaba, se me hacía más parecido a él. Cuando estaba a unos pocos metros, se detuvo; creo que vio también algo familiar en mí. Cuando lo pude observar a los ojos, me di cuenta que no era alguien parecido, era él, mi papá. Se dio cuenta también que yo era su hijo. No sé cuántos segundos pasaron para que los dos reaccionáramos, pues nos quedamos quietos... mirándonos. Dimos unos pocos pasos más y, sin darnos cuenta, estábamos abrazados llorando sin decir ninguna palabra. No sabíamos qué decir; aunque creo que las palabras no eran necesarias. Aquel abrazo era un momento de restauración como ningún otro. El perdón se mezclaba entre lágrimas de alegría que daban a ese momento un silencioso grito de victoria. Después de estar un buen rato así, mis palabras fueron: «Papi, perdóname» Mi papá dijo: «No... los que me tienen que perdonar son ustedes, yo los dejé solos. Hijo, perdóname...». La verdad no pensé que tuviera que pedirme perdón, pero sin dudas que sus palabras fueron como un perfume a mi corazón. «¿Dónde has estado? ¿Qué has hecho? ¿Dónde vives?»; ¡tenía tanto por saber! Comencé a preguntarle todo, pues lo quería saber, y él quiso responder sin problemas. Pronto me dijo que trabajaba allí y que no tenía mucho tiempo, pues debía entrar rápidamente al coliseo porque lo esperaban. Sonriendo me dijo algo aun mejor: «Estoy asistiendo hace un año a la iglesia. Dios me ha cambiado». Miré su brazo, llevaba un brazalete que decía servidor... ¡Qué milagro más increíble! No solamente fue el reencuentro sino que, además de eso, ¡le servía al Señor!

Yo sé que todo esto que pasó fue con mi padre y no con el tuyo, pero déjame decirte lo que pensé en aquel instante: *¡Gloria a Dios! ¡Gloria a Dios!*

Aquí, en el avión donde escribo este capítulo, quiero gritar de júbilo porque Dios es fiel.

Quedamos en encontrarnos en la parte de afuera del coliseo después de terminar el seminario. Yo entré a platea y él tenía que estar en la parte más alta de aquel lugar. Al ingresar, lo primero que hice fue buscarlo para ver si lo podía encontrar **AUNQUE SEAMOS INFIELES, DESAGRADECIDOS Y CONTINUAMENTE DUDEMOS DE LA SOBERANÍA DE DIOS, ÉL ES FIEL.** entre la multitud. Fue entonces cuando Marcos Witt comenzó a interpretar uno de los cantos más especiales para mí: «Tu fidelidad». ¡Seguro que te lo sabes!

«Tu fidelidad es grande,
tu fidelidad incomparable es,
nadie como tú bendito Dios,
grande es tu fidelidad».

Una canción pequeña, pero con una de las verdades más grandes y hermosas que experimentaba en ese preciso instante.

En el capítulo anterior hablé acerca de ser fieles, pero podemos serlo solo porque, sin dudas, Dios es más fiel que nadie.

Comienza una nueva historia

En ese tiempo de no ver a mi papá, su nueva familia creció. Él no solo tuvo a mi hermana Paola sino a dos hermanos más: Pablo y César. Si en algún momento sentí que mi familia se acababa, ahora Dios me regalaba la bendición de tener tres hermanos más; tenía la hermosa responsabilidad de mostrarles el amor de Dios a través de mi vida.

Mi padre y yo hemos recuperado aquel tiempo que su mal juicio y el diablo nos habían robado. Hemos salido a jugar lo que nos gusta, el fútbol. Y ahora ya tenemos un equipo completo.

La historia con mi papá tuvo así un nuevo comienzo para mí. Aprendí que, aunque seamos infieles, desagradecidos y continuamente dudemos de la soberanía de Dios, él es fiel. Y se lo repito a él, que es fiel. Mientras cantaba, le daba gracias a mi Padre celestial por permitir encontrarme con mi padre terrenal. Ahora entiendo que debía sufrir la ausencia de mi papá para conocer la ternura de mi papito Dios. Si eso no me hubiera ocurrido, este capítulo nunca se hubiera escrito. Por eso, ahora mismo, sin importar la edad que tengas, seas joven, adulto o anciano, te invito a que antes que termine esta noche a través de la experiencia más maravillosa de la fe, te dejes abrazar por el grandioso y tierno amor de Dios, nuestro Padre celestial. Debido a estas experiencias con mi padre escribí hace un tiempo esta canción:

«Grito, lloro y duermo. Corro como el viento.
Salto a tu encuentro cuando sé que estás aquí.
Eres las cosquillas que hacen mi risa.
La mejor sorpresa cuando estoy cerca de ti.
Hoy corro a ti, me escondo en ti,
me abrazan tus caricias, me envuelvo entre tu risa.
Hoy corro a ti, me escondo en ti.
No le temo al invierno si tú eres mi verano.
Me da tanto miedo, tiemblo como el hielo
cuando pasa el tiempo y no juegas junto a mí.
Los juguetes tristes junto a mí esperan
escuchar la hora que me dice estás aquí.
Cuéntame la historia; dormiré al momento y en tus brazos soñaré».

Nuestro Padre celestial

A veces me sorprende cuántos de los que se llaman cristianos no tienen una relación con Dios de hijo a Padre. Le llamamos Padre cuando estamos en el templo y para orar por los alimentos, pero nada más. Eso me recuerda la historia del hijo pródigo, o la del padre amoroso, como también se podría conocer. Esta siempre se usa para hablar de los apartados y alejados. Usamos esta categoría para los que no vienen más a la iglesia o para los que están fríos espiritualmente (cosa que solemos juzgar por la cantidad de reuniones a las que asisten). Sin embargo, no hace falta dejar de ir al templo para estar fríos. Solo con dejar de orar empezamos a ser hijos que no hablan con Papá, Dios.

La oración crea esperanza y poder. Hablar con Dios nos limpia el corazón. Es por eso que, cuando pasamos mucho tiempo sin hablar con él, se nos enfría la relación; es igual que dejar de hablar con tu papá o tu mamá. Empiezas a dejar de saber sobre ellos: qué hacen, piensan, sienten... pronto dejas de entenderlos. Hoy, todos saben que, para que las relaciones interpersonales funcionen, debe haber una buena comunicación. Lo mismo sucede con Dios. La oración no es un monólogo con el techo. Dios escucha

> **A VECES ME SORPRENDE CUÁNTOS DE LOS QUE SE LLAMAN CRISTIANOS NO TIENEN UNA RELACIÓN CON DIOS DE HIJO A PADRE**

atentamente cada oración y, a su tiempo, responde. Él es nuestro Padre; nosotros, sus hijos. Por qué, entonces, andar por ahí sin contar con la riqueza, el consejo y seguridad de la protección del Padre. Es mejor llamar a casa y asegurarnos que estamos comunicados con Dios. Su teléfono nunca está ocupado. Como dice el Apóstol Pablo: «No se inquieten por nada; más bien, en toda ocasión, con oración y ruego, presenten sus peticiones a Dios y denle gracias. Y la paz de Dios, que sobrepasa todo entendimiento, cuidará sus corazones y sus pensamientos en Cristo Jesús» (Filipenses 4:6-7). Él es nuestro Padre celestial. ¡Nunca, pero nunca nos abandonará!

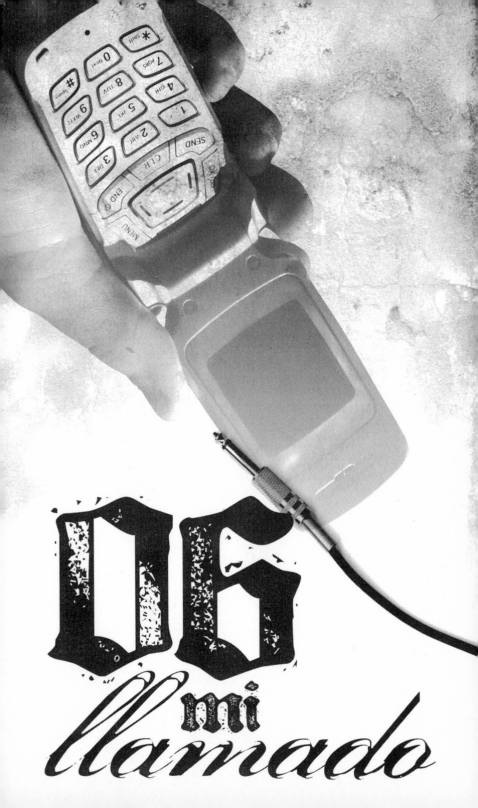

06
mi llamado

«AHORA BIEN, SABEMOS QUE DIOS DISPONE TODAS LAS COSAS PARA EL BIEN DE QUIENES LO AMAN, LOS QUE HAN SIDO LLAMADOS DE ACUERDO CON SU PROPOSITO. PORQUE A LOS QUE DIOS CONOCIO DE ANTEMANO, TAMBIEN LOS PREDESTINO A SER TRANSFORMADOS SEGUN LA IMAGEN DE SU HIJO».

(ROMANOS 8:28-29)

Dios tiene planes con cada uno de nosotros. El apóstol Pablo escribe: «Porque somos hechura de Dios, creados en Cristo Jesús para buenas obras, las cuales Dios dispuso de antemano a fin de que las pongamos en práctica» (Efesios 2:10). Por eso es que el Espíritu Santo insiste en ayudarnos a creer en sus promesas. A todos nos llega el momento para entender lo que él quería para cierto tiempo; nos prepara para lo que vendrá más adelante. Pero como muchos de nosotros, la verdad es que yo no tenía muy claro en qué me desempeñaría mientras creciera. Quería estudiar música o comunicación social, pero no tenía los recursos para hacerlo. Además, antes de cualquier plan, debía terminar mis estudios secundarios, ya que los había dejado desde séptimo por dedicarme solo a trabajar... Esa fue una de las decisiones más tontas que tomé en mi vida. Dios quiere darnos tantas cosas, pero muchas veces se detienen porque no queremos prepararnos, usar la cabeza y extender nuestro conocimiento. Cuando entendí eso, decidí retornar a mis estudios y terminarlos. Trabajaba en el día y en la noche

DIOS QUIERE DARNOS TANTAS COSAS, PERO MUCHAS VECES SE DETIENEN PORQUE NO QUEREMOS PREPARARNOS, USAR LA CABEZA Y EXTENDER NUESTRO CONOCIMIENTO.

estudiaba. Fue un tiempo muy difícil, pues tenía que pagarme mis estudios. Además, en el sistema nocturno depende mucho de uno mismo aprobar cada año académico. Pese a todo, yo deseaba mucho pasarlos bien para emprender nuevos estudios.

Un gran desafío

En ese mismo tiempo, también comencé a escuchar la voz de Dios a través de muchas personas. Recuerdo una frase en particular: «Tú serás punta de lanza». ¿Punta de lanza?

Ciertamente no entendí muy bien eso. Mi deseo en la parte ministerial era ser predicador, pero, ¿qué tenía que ver la punta de lanza con mi deseo por predicar? Fueron dos años de muchas preguntas sin respuestas, pero creía que Dios haría algo especial en mi vida.

Al poco tiempo me llamaron a ser parte del grupo musical de hijos de ministros. Fue una experiencia increíble. Conocía otras personas de diferentes congregaciones con el mismo deseo de servir a Cristo y con maravillosos dones que hacían de esto un equipo muy especial. Fue allí donde conocí a Esteban Machuca, que llegaría a ser una de las personas más importantes para mi desarrollo ministerial. Juntos afrontaríamos grandes desafíos y diversas pruebas dentro de nuestra carrera por servir a nuestro Dios. Él es actualmente el bajista y el director musical de mi banda. A través del tiempo, Dios fue colocando personas que nos animarían, nos desafiarían y se pondrían a nuestro lado para cumplir con el propósito para el cual fuimos llamados.

Dios comenzó a poner una inquietud en mi corazón que poco a poco se convirtió en carga, y luego en pasión. Eso fue en mi adolescencia, etapa que todos pasamos y en donde nos sentimos dueños del mundo sin tener nada, donde creemos ser adultos siendo niños. Es allí donde el enemigo tiene puesta su mirada y prepara la mejor de sus presentaciones para desviarnos del camino por el que debemos andar. Tristemente también es la etapa en donde la mayoría de iglesias nos ignoran y no aplican las estrategias adecuadas para desarrollar en nosotros el potencial tan tremendo que tenemos.

Recuerdo estar una vez en uno de esos grandiosos congresos de alabanza, donde se pasan tiempos increíbles en la presencia de Dios. Cuando se realizaban, siempre quería estar en primera fila. Esa vez salí a la parte de atrás del auditorio para tomar un poco de agua. Allí me encontré con un grupo grande de jóvenes que decían que eso estaba muy aburrido, que les tocaba estar allí, que si eso ya se terminaría, que esa música no les gustaba, y otras cosas que no precisamente hablaban del amor de Dios. Aquel cuadro quedó grabado en mi mente; no podía comprender que hubiera personas que, al estar en ese hermoso ambiente, no quisieran cantarle a Dios. Eso me producía una mezcla de diferentes emociones que me llevaron a pensar en que tenía que haber una forma de que estos muchachos se pudieran apasionar por el Dios que yo estaba conociendo. Debía existir una manera de mostrares el amor de Cristo. Ellos tenían que saber que en Dios las cosas son realmente emocionantes, que vivirlas nos llevan a experimentar su poder sobrenatural y extraordinario que cambia nuestra forma de pensar y de actuar. Pero la pregunta era: ¿cómo hacerles entender eso?

Misión Vida

En junio de 1997 reunía algunos músicos que había conocido en diferentes congregaciones con el fin de animarles a creerle a nuestro Dios. Entre ellos estaban mi hermano Luis, Jorge Rivera, Mauro, Javier y Cesar Restrepo, Freud Romero, Esteban Machuca y Francisco; personas que recuerdo con mucho respeto y cariño. Les manifesté mi carga y el deseo de hacer algo que motivara a los adolescentes a enamorarse de nuestro Señor; creo que todos compartíamos el mismo deseo y la misma pasión, yo hasta tenía claro el nombre que llevaría aquel increíble equipo: Misión Vida. Para mí, este nombre, en dos pa-labras, resumía el mandato de la gran comisión: «Vayan por todo el mundo y anuncien las buenas nuevas a toda criatura» (Marcos 16:15). Comenzamos a orar y planeamos un concierto en mi iglesia para diciembre de ese mismo año que se llamaría *Tiempo de la cruz;* título que llevaba una de las canciones que interpretaríamos.

La idea era presentar algo con lo que los jóvenes se iden-
tificaran y quedaran impactados. Ya teníamos la música;
nuestra tendencia era un poco rockera con fusiones lati-
nas, algo nuevo y probablemente irreverente para muchos
en ese momento. Sabía que necesitaríamos muchas cosas
más: luces, sonido, escenografía, afiches, boletas, una cantidad de cosas que harían de ese concierto algo excelente.
Así que era el momento de llamar a cada una de las personas que Dios había puesto en mi camino para desarrollar aquella tarea: diseñadores, artistas plásticos, técnicos
de sonido, arquitectos y todo el que en algún momento se
había ofrecido desinteresadamente a colaborar en la tarea
que se nos había encomendado. Entonces, poco a poco fue
tomando forma aquel magno sueño. Repartimos las boletas en algunas congregaciones donde nos conocían y a cada
uno de nuestros familiares. Como la capacidad de la iglesia
era solo de quinientas personas, decidimos que fueran cuatro noches de concierto divididas en dos fines de semana.
Creo que, desde el principio de este sueño, aprendí a soñar
en grande. El día había llegado. Todo estaba preparado:
luces que uno de nosotros había diseñado; un sonido que
habíamos reunido de algunas de nuestras iglesias; la escenografía eran telas brillantes que, con las luces, formaban
un ambiente propicio para lo que sería esa maravillosa noche; y lo más importante, las ganas y la pasión de exaltar
a nuestro Dios. En la primera noche me di cuenta de que
no había mucha gente, como unas cien personas no más;
el lugar parecía un poco vacío. La verdad no sé por qué no
me desanimé. En mí estaba el deseo de comenzar lo más
rápido posible, ya que tenía la seguridad de que algo completamente nuevo y maravilloso ocurriría.

La verdad no recuerdo con cuál canción fue con la que iniciamos, probablemente fue *Allí está él*. Pues bien, de principio a fin la presencia de Dios fue tan poderosa que no
queríamos que se acabara aquel intenso momento. En algún instante del concierto miré hacia atrás para dar una
indicación, pero todos mis músicos lloraban. Unos estaban
en sus rodillas mientras adoraban de una forma tan sin-

cera que me sentí impactado. Hubo un lapso donde dejé de dirigir para solo contemplar la hermosa presencia del Espíritu Santo. La gente lloraba, se acercaba al escenario y se postraba, era algo impresionante, pues no les invitamos a que lo hicieran. Cada uno de nosotros fuimos motivados

directamente por el Señor para adorarle. Nunca, en ningún seminario de los que había estado, había sentido una presencia de Dios tan poderosa y a la vez tan tierna. ¡Qué noche!

Al terminar, todos teníamos los ojos hinchados de llorar

y un rostro lleno de una alegría que no se podía explicar. Muchos iban y me abrazaban. Con sus palabras me agradecían y me daban ánimo. Muchos de ellos eran conocidos míos, pero jamás me habían mirado como esa vez. Y allí no terminó todo. Esa era solo la primera noche. Al día siguiente llegamos temprano para ajustar cualquier detalle. Queríamos que todo estuviera en orden y preparado para poder una vez más vivir una noche sobrenatural. Para mi sorpresa, llegó mucha más gente que el día anterior. Me di cuenta de que muchos de los que estaban allí habían vuelto pero acompañados de otras personas; creo que querían que otros pudieran vivir lo que ellos habían sentido la noche anterior. ¡Qué chévere saber que, cuando estamos realmente enamorados de Dios, compartimos nuestra experiencia para que otros puedan conocer al Dios amoroso que adoramos!

Entonces, una vez más la presencia de Dios se hizo presente. Se sentía cómo él ministraba las vidas de una forma directa y espontánea. El Señor no solamente estaba allí de espectador; él llenaba todo y a todos. Y lo menciono porque he visto que, en muchas actividades cristianas, lo invitan únicamente como un asistente de lo que en nuestras fuerzas podemos hacer. Algo muy parecido a lo que narra el libro de Génesis en el capítulo 11 acerca de la torre de Babel, donde Dios solo observaba lo que los humanos hacían en sus limitadas posibilidades. Tú y yo sabemos que podríamos realizar muchas cosas solos, pero si invitáramos a nuestro Señor no solamente a mirar sino a tomar el control de cada uno de los detalles, sería tan diferente el resultado que quedaríamos sorprendidos. ¡De eso no tengas la menor de las dudas! ¡Te lo garantizo!

Punta de lanza

Le había pedido a mi Señor que confirmara mi llamado. Quería saber si lo que vivía era algo para ese momento o lo desarrollaría a lo largo de mis años. Así que le dije a Dios que quería que mi pastora Zoraida Estupiñán me diera la misma palabra que él me había dicho de diferentes formas. ¿Y por qué mi pastora y no mi pastor? Pues bien, les parecerá curioso lo que les diré. Una vez escuché decirle al pastor Flaviano que por favor no me pusieran a dirigir la adoración en la reunión donde su esposa predicaría, pues ella decía que no sentía la presencia de Dios cuando yo cantaba, que se sentía mas cómoda con mi hermano Luis. Eso me había desanimado en algún momento. Por eso, si Dios tenía algo poderoso en sus planes con mi vida, sería ella la que me lo confirmaría.

Mi pastora no fue a ninguna de las tres primeras noches de concierto. Sé que mi pastor la animó a ir a la última, pues nos visitaba gente de diferentes congregaciones; y él quería que ella diera un saludo de bienvenida a todos los que visitaban la iglesia por primera vez. Esa noche fue extremadamente gloriosa. La presencia de Dios en las noches anteriores se había hecho tan palpable y poderosa en las personas que lo que estábamos por vivir en ese cuarto concierto daría la certeza de que

NUNCA HE DUDADO DEL LLAMADO NI DEL MANTO QUE ÉL HA PUESTO SOBRE MI VIDA.

algo especial tenía con nuestro ministerio. Al terminar y al ver cómo la gente seguía llorando, se me acercó mi pastora y, con lágrimas en sus ojos, me pidió perdón porque nunca había visto lo que Dios podía hacer con mi vida. Comenzó a profetizar lo que Dios haría de ahí en adelante en mí: que tenía que guardar mi corazón para lo que Dios tenía preparado de ahí en adelante, y que sería una punta de lanza en lo que él llevaría para la iglesia en ese tiempo.

Una vez más en labios de ella escuchaba aquella frase: punta de lanza. Dios tenía algo nuevo y fresco para su iglesia en lo que se refiere a la alabanza y la adoración. Esto afectaría positivamente a la juventud, y yo formaba parte de ese comienzo. Por eso, desde ese mismo momento y hasta la fecha, nunca he dudado del llamado ni del manto que él ha puesto sobre mi vida. Sé que Dios tiene planes con cada uno de nosotros y tiene una tarea que solo nosotros podemos hacer. Muchos sabemos hacia dónde nos dirigimos, pero no tenemos el apoyo suficiente para desarrollar cada uno de nuestros sueños. Otros todavía no tienen ni idea de lo que Dios podría hacer en sus vidas si tan solo se dispusieran. Sé que también hay personas que se cansaron de intentar, que fracasaron en cada uno de los intentos de servir a Dios y que no creen que fueron llamados, pues no se creen aptos para servir a nuestro Señor. ¡Pero no es así!

Especial

En su libro de devocionales llamado *Encuentros al límite*, mi amigo Lucas Leys escribe lo siguiente:

«Mira las palmas de tus manos; hay algo único, singular y particular en ellas. Nadie en la historia de la humanidad tuvo, tiene o tendrá tus idénticas huellas digitales. Nadie en la historia de las civilizaciones podría hacer la misma marca que tú puedes hacer en el polvo de la tierra si apoyas con fuerza tu dedo en él. Es que eres especial. Una única y maravillosa obra maestra de Dios creada con el propósito de dejar en el mundo una marca que nadie más puede hacer.

Eres tan especial para el Rey del universo que si nadie más en la tierra hubiera necesitado de un salvador y solo tú hubieras necesitado que Cristo hubiera muerto en la cruz del calvario, Dios hubiera enviado a su hijo a morir solo por ti. Sí, si nadie de los que conoces o te imaginas que poblaron la tierra hubiera necesitado el sacrificio de Cristo y hubieras sido la única persona que hubiera necesitado la muerte del salvador, él lo hubiera hecho solo por ti. ¿Te parece muy fuerte? Fue el mismo Jesús el que dijo que el Padre no quiere que ni aun uno se pierda (Mateo 18:14, Juan 6:39).

Tú eres la única persona que piensa con tu mente y siente con tu corazón. Todos somos administradores de lo que nos dio el creador y principales responsables de crear nuestro futuro en nuestro presente. Nadie puede cambiar tu mundo sin tu ayuda. No es tu responsabilidad ser mejor que otros pero sí superarte cada vez para darle al mundo tu única y especial fragancia, esa que nadie más puede dar».

07

cuando esperar
no parece

Suficiente

«EL ÉXITO RADICA EN LA ACCIÓN
SABIA Y BIEN EJECUTADA».
(ECLESIÁSTES 10:10)

«DIOS HIZO TODO HERMOSO EN SU
MOMENTO, Y PUSO EN LA MENTE
HUMANA EL SENTIDO DEL TIEMPO,
AUN CUANDO EL HOMBRE
NO ALCANZA A COMPRENDER
LA OBRA QUE DIOS REALIZA
DE PRINCIPIO A FIN».
(ECLESIÁSTES 3:11)

Tenía dieciocho años y, como muchos a esa edad, sentía que hacía falta algo en mi vida. Ver a varios de mis amigos con sus respectivas novias me despertó el deseo de encontrar una persona con la que pudiera compartir y de enamorarme. Comencé a orar intensamente y le pedí a Dios que me diera una novia. Estaba seguro que ya tenía la edad para enamorarme, pero me empecé a desesperar al ver que no llegaba. ¡Mis amigos tienen novia y yo no!, pensaba. No quería esperar más. Necesitaba que Dios me respondiera de inmediato, pero no sabía cuáles eran los planes del Señor para mí en ese aspecto. Hoy, al mirar a ese entonces, estoy más que convencido que fue un gran error, pero es que no supe entregarle a Dios esa ansiedad. Algo que sí tenia claro era que no quería jugar con los sentimientos de nadie. No buscaría una chica para pasar un buen rato, en lo absoluto. Realmente deseaba que mi primera novia fuera mi única mujer en la vida, que nos casáramos y tuviéramos nuestros hijos, que llegáramos a envejecer juntos y que viéramos a nuestros nietos crecer. ¡Sí, ese era mi anhelo! Bueno, quizás le quieras poner música romántica a las últimas palabras. Sería gracioso, ¿verdad? Desde ese momento estuve convencido que ese era el cuadro ideal para mí. Además,

NECESITAS DARTE CUENTA QUE ESTE SISTEMA EN EL QUE VIVIMOS, EL PROMOVIDO POR LA TELEVISIÓN Y LAS CELEBRIDADES, HA PISOTEADO EL SENTIDO COMÚN Y NOS HA QUERIDO ENSEÑAR TODO LO CONTRARIO A LA VOLUNTAD DE DIOS

ese es el bello y claro panorama que Dios dibujó para cada uno de nosotros: una vida sentimental estable y duradera. Ahora, si tú no compartes ese principio y aun te parece ridículo y pasado de moda, necesitas conocer los caminos de Dios para tu vida. Necesitas darte cuenta que este sistema en el que vivimos, el promovido por la televisión y las celebridades, ha pisoteado el sentido común y nos ha querido enseñar todo lo contrario a la voluntad de Dios. Recuerda que honrar al Señor aun con nuestros sentimientos es lo más astuto y sensato que podemos hacer.

Dios no necesita «ayuditas extras»

Definitivamente hay ocasiones en que todos creemos que Dios necesita una «ayudita extra» para que se den más pronto las cosas. ¡Eso fue lo que yo pensé!

Un amigo me invitó a participar en la graduación de la escuela bíblica de su iglesia. Allí vi a una chica que me llamó la atención. Pronto comencé a preguntarle a mi amigo sobre cómo se llamaba aquella niña, pero él no me quería decir, solo se quedaba callado o me ignoraba. Cuando terminó la reunión, pensé que no podía dejar pasar la oportunidad. ¡Qué tal si fuera ella!, me dije. Entonces me presenté y lo único que se me ocurrió decirle fue que buscaba coristas para mi banda. Y como la había escuchado cantar, tenía la excusa perfecta para conocerla. Después de unos días, la visité en su casa y me encontré con mi amigo, el mismo de la escuela bíblica. Noté que había algo raro en el ambiente y comencé a sentirme un poco incómodo. Lo que supe horas después fue que mi amigo era el «novio» de aquella niña, y que solo llevaban unos días de haber terminado con la relación. ¡Qué mal me sentí! ¡Con razón no me la quería presentar...!

Después de un tiempo de ver que ellos no regresaban, decidí que ella y yo podríamos empezar un noviazgo. En esta relación entregué sin reservas todos mis sentimientos y las primicias que había guardado para aquella mujer de mis sueños. Sin embargo, lo único que mantuvimos guardado fue nuestra área sexual, pues deseábamos entregarnos uno al otro solo en el matrimonio. En casi cuatro años mi único enfoque fue ella. En mi corazón tenía la seguridad de que sería mi esposa. Hablamos muchas veces del asunto; no había vuelta atrás... Pero, contrario a lo que dicen muchas canciones románticas de la radio, el corazón es bastante engañoso. Además la Biblia lo ha enseñado desde siempre:

«Nada hay tan engañoso como el corazón. No tiene remedio. ¿Quién puede comprenderlo?» (Jeremías 17:9). Y fue eso lo que ocurrió.

Llegó una de las crisis emocionalmente más complicadas y complejas a mi vida. Ella decidió terminar nuestra relación. Yo no podía entender lo que sucedía. Me sentí rechazado. Habíamos terminado en ocasiones anteriores, pero nunca como esa vez. Pasaron algunos días donde la llamaba y sosteníamos la misma conversación. Día a día era más difícil. Sentía que caía en un pozo oscuro y profundo. Entonces decidí buscarla a su casa a pesar de que ella no quería verme. Después de hablar un rato y llorar pidiéndole que no me dejara, escuché lo que nunca pensé oír: «¡Nunca te he querido, ni te he amado!». Al captar sus palabras, sentí como si eso fuera una puñalada en mi corazón; una vez más sentí el abandono en una escala demasiado fuerte.

Salí de ese lugar completamente destrozado. No quería llegar a mi casa, así que decidí caminar sin rumbo fijo mientras lloraba y le preguntaba a Dios ¿por qué?, ¿qué había hecho mal? Todo era una confusión en mi cabeza, y eso, junto con dolor en mi alma,

QUEREMOS LUCHAR SOLOS; Y AHÍ ES DONDE PERDEMOS MUCHAS BATALLAS.

me llevaron a confesar unas palabras que más adelante lamentaría: «Nunca más entregaré mi corazón en ninguna relación. Dejaré de ser romántico y detallista; eso no tiene sentido». Lo dije tan radicalmente que lo tomé como una ley en mi vida.

De ahí en adelante los meses que siguieron fueron de una dura prueba entre seguir luchando por mis sueños o desmayar en el intento. No podía concentrarme en mi trabajo y mucho menos en los planes que sabía que Dios tenía para mí. Luego, en una tarde de desespero y de cargar con algo que ya no me pertenecía, decidí renunciar a luchar en mis fuerzas. Le declaré a Dios mi debilidad y mi necesidad de que tomara el control de mis sentimientos: Señor, tú sabes que ya no puedo más. ¡Ayúdame! ¡Te necesito! Eso era lo que necesitaba hacer desde el principio, pero muchas veces no queremos reconocer que es en las fuerzas de Dios que podemos triunfar. Queremos luchar solos; y ahí es donde perdemos muchas batallas. Recuerdo que, después de orar, mis heridas comenzaron a sanar rápidamente. La paz y la fuerza de Dios me alimentaron para llegar al otro lado del río.

Noviazgo y plan de Dios

El enemigo sabe que una de las áreas más vulnerables para la mayoría de los jóvenes es la de los sentimientos. Por eso decidí escribir estas líneas. Además, es mi deseo animarte a que le entregues todo a Dios y sin ninguna reserva, aun aquellos sentimientos difíciles y complicados. Él sabe y conoce los deseos de tu corazón. Lee con detenimiento este pasaje:

«Señor, tú me examinas, tú me conoces. Sabes cuándo me siento y cuándo me levanto; aun a la distancia me lees el pensamiento. Mis trajines y descansos los conoces; todos mis caminos te son familiares. No me llega aún la palabra a la lengua cuando tú, SEÑOR, ya la sabes toda. Tu protección me envuelve por completo; me cubres con la palma de tu mano. Conocimiento tan maravilloso rebasa mi comprensión; tan sublime es que no puedo entenderlo. ¿A dónde podría alejarme de tu Espíritu? ¿A dónde podría huir de tu presencia? Si subiera al cielo, allí estás tú; si tendiera mi lecho en el fondo del abismo, también estás allí. Si me elevara sobre las alas del alba, o me estableciera en los extremos del mar, aun allí tu mano me guiaría, ¡me sostendría tu mano derecha!» (Salmo 139).

Al amor de tu vida lo puedes encontrar un día cualquiera y en un lugar inesperado. También puede aparecer en el momento menos pensado, de repente, o al abrir tus ojos poco a poco.

Ahora bien, no es lo mismo establecer una relación de noviazgo con una persona que estimule lo mejor de nosotros, que hacerlo con alguien que nos cause reacciones negativas.

Todas las personas producimos, conscientes o no, un efecto en aquellos con quienes nos relacionamos. Algunas veces el impacto de una relación en nosotros es bueno, otras no. Piensa cuánta influencia ejerce en tu vida la persona con la que tienes una relación amorosa. ¡Muchísima!, ¿verdad? Por eso es muy importante que elijas bien. La otra persona tendrá un fuerte efecto en tu vida espiritual, tus logros, gustos, tiempo y demás. Dios quiere que pensemos muy bien si queremos tener un noviazgo del «cielo» o uno del «suelo». Él te conoce y siempre querrá lo mejor para tu vida. Su plan con el noviazgo es que sea en su tiempo, que es el justo, y con la persona correcta y en las condiciones ideales. Pero para eso hay que esperar la ocasión oportuna.

Los errores son peldaños

Cada error que cometamos será como un peldaño; nosotros decidiremos si nos dirigirán hacia abajo o hacia arriba. Cuando confiamos en el Señor, sabemos que nos dirigimos por su voluntad. Sin embargo, muchas veces no lo hacemos. Por eso es que nos equivocamos. Y quizá ese es tu caso, como fue el mío también. Tal vez quieras contarme que te quedó el corazón lastimado por una relación que terminó. Yo pasé por lo mismo, por eso te entiendo.

CADA ERROR QUE COMETAMOS SERÁ COMO UN PELDAÑO; NOSOTROS DECIDIREMOS SI NOS DIRIGIRÁN HACIA ABAJO O HACIA ARRIBA.

Pero tienes que confiar que, después de la noche, siempre llega el día. En mi caso y en el de muchos que podría contarte, lo que parecía un caso terminal es ahora solo un recuerdo. En otro capítulo más adelante te contaré de mi esposa. Ella es mucho más de lo que yo esperaba. Por eso, nunca pierdas las esperanzas. Aprende a ser paciente, te aseguro que llegará la mejor respuesta a tus oraciones. Ahora bien, si has cometido muchos errores, aprende de estos y úsalos como peldaños que permitan alcanzar los sueños de Dios para tu vida.

tiempo de Soñar

08

«DERRAMARÉ MI ESPÍRITU SOBRE TODO EL GÉNERO HUMANO. LOS HIJOS Y LAS HIJAS DE USTEDES PROFETIZARÁN TENDRÁN VISIONES LOS JÓVENES Y SUEÑOS LOS ANCIANOS». (HECHOS 2:17)

Con la ayuda de Dios terminé mis estudios para así encontrar otro de mis múltiples trabajos. Ya habían pasado dos años y, en ese momento, era profesor de música en un colegio secular al norte de Bogotá. Allí no tenía que alzar bultos ni recorrer largos trayectos en bicicleta o a pie, tampoco esperar horas en un banco tras una fila interminable. Esa vez me enfrentaba a algo completamente diferente, enseñar música, una experiencia nueva para mí. La mayoría de mis alumnos tenían dos o tres años menos que yo. Era sin dudas el profesor más joven del plantel, lo que hizo que mis primeros días fueran difíciles para ganarme el respeto y la obediencia de estos chicos. Ignoré las propuestas indecentes de algunas de mis alumnas, que me sugerían cosas para molestarme o para pasarse de audaces a los ojos de sus otras compañeras. Fueron días de mucha tentación y presión. Definitivamente estos chicos no querían saber nada de música, y mucho menos de Dios. Era como estar en tierra seca, donde nunca hubo agua.

MIENTRAS ESTABA CON ELLOS Y ESCUCHABA SUS CONVERSACIONES, ME SENTÍ MUCHO MÁS DESAFIADO Y MOTIVADO A ENTENDER LA NECESIDAD DE QUE CONOCIERAN A JESÚS.

Pero, poco a poco, me di cuenta que no solamente eran alumnos sino personas que necesitaban conocer del amor del Señor.

Mientras estaba con ellos y escuchaba sus conversaciones, me sentí mucho más desafiado y motivado a entender la necesidad de que conocieran a Jesús. Quería hacerles entender que la vida era más que estar en una pandilla; más que el «rumbeo» entre compañeros; más que una reunión donde te embriagas hasta no saber lo que haces; y mucho más que sentirse «el duro», «el chacho» del colegio; o la chica más deseada por sus amigos. Fue así que comencé a entender más de mi llamado. Comprendí que había una misión específica que tenía que desarrollar, un trabajo de alto grado de urgencia. Se me ocurrió proponer la realización de un concierto en aquel colegio; a los directivos les pareció interesante y lo aprobaron. Tenía un poco de nervios porque no sabía cómo reaccionarían los muchachos después de aquella locura. ¿Locura? Sí, muchas veces la necesitamos para realizar la obra que Dios pone en nuestros corazones. Quedé impactado al ver una respuesta positiva en tan pocos minutos. Días después, muchos de mis estudiantes comenzaron a sentir interés por las cosas de Dios; por fin podía ver correr un poco de agua en aquel terreno seco .

Comenzar ya

Muchos de nosotros tenemos ideas, grandes sueños por desarrollar, lugares y distancias que recorrer, pero todo comienza por el lugar donde estamos ahora. Es vital trabajar en nuestra área local, el lugar donde estudiamos, donde trabajamos, nuestra iglesia, nuestro hogar, donde solemos ir cada fin de semana a jugar o pasar un tiempo de descaso, en fin, tantos sitios donde podemos en este mismo tiempo ser de gran bendición.

En ese colegio trabajé por última vez en el área secular. Renuncié meses después y decidí emprender el plan que sabía que Dios había puesto en mi corazón: la grabación de mi primer disco. Se llamó «Tiempo de la cruz», y definitivamente marcó para mí un tiempo de cumplir muchos sueños y encaminar varios más. Después de haber escuchado a muchas personas animarme a realizar la grabación de mis canciones, decidí iniciar este desconocido camino que es la grabación de un disco.

Conocí a Edgar Sánchez, un increíble líder de alabanza que ya había realizado algunas grabaciones con el ministerio «Herramientas». Él mostró mucho entusiasmo en realizar mi proyecto. Le comenté que mi sueño era hacer la producción en un formato en vivo. Había escuchado varias grabaciones que influenciaron mi gusto por este tipo de formato. Mi amigo me dijo que no era muy complicado, que podíamos secuenciar cada instrumento con un buen teclado y que la voz y los ambientes los grabaríamos en alguna iglesia en medio de un concierto. Pero realmente lo que yo deseaba era hacer la grabación sin ninguna secuencia. Quería que todo se grabara en vivo. Lo que no sabía era que esta idea implicaba un gasto económico demasiado alto. Sería muy difícil llevarlo a cabo, pero seguí creyendo que lo lograríamos.

Seguimos con los ensayos donde nos divertíamos haciendo los arreglos musicales de cada canción; fueron tiempos donde la pasión y la entrega opacaban la inexperiencia y la falta de recursos que rodeaban nuestros sueños. Finalmente se planeó la grabación para el 6 de noviembre de 1999 en la Iglesia Amistad Cristiana, hoy conocida como «El Lugar de su Presencia», donde me congrego actualmente y cuyos pastores son Andrés y Rocío Corson. Diseñamos un afiche que repartimos en las iglesias que nos conocían. Algunas emisoras de la ciudad, como Nuevo Continente, Auténtica y Mundial nos apoyaron incondicionalmente en promocionar aquella grabación. Alquilamos el sonido y toda la parte técnica con la mejor empresa de audio que hay en el país: C. Vilar. Queríamos que todo fuera lo mejor posible para este gran desafío. La fecha llegó

«LOS ARTISTAS NACIONALES NO SON UN BUEN MERCADO. TRAEN PÉRDIDAS ECONÓMICAS»

y todo estaba listo. Alrededor de quinientas personas nos acompañaron en esa increíble noche. Los chicos de la banda, así como yo, estábamos nerviosos; era una mezcla de ansiedad y alegría que no podíamos dejar de sentir.

Cinco, cuatro, tres, dos, uno... comenzamos cantado «Allí esta él». Invertimos toda aquella energía en esos casi cinco minutos de esta primera canción. La gente estaba asombrada de cómo se escuchaba de bien el grupo, y sobre todo del respaldo indiscutible de nuestro Señor. Así que una a una fueron pasando las diez canciones. Solo tuvimos que repetir una de estas; creo que fue «Nada más quien piensas». Al finalizar, todos estábamos contentos y satisfechos de lo que se había logrado técnicamente. Sabíamos que esa grabación sería de mucho impacto y de gran bendición para quienes la pudieran escuchar. Luego, después de haber cancelado todos mis compromisos económicos y darme cuenta que no quedamos debiendo nada, pude descansar e irme a casa. ¡Dios fue fiel en cada detalle que habíamos soñado!

Al pasar algunos días aprendí que toda grabación tiene algo que se llama la posproducción, es decir, corregir cualquier detalle que hubiera podido salir mal. Eso incluye mezclar y masterizar. De modo que teníamos que alquilar un estudio de grabación, pero no sabíamos de ninguno. Además, saber que debíamos tener el presupuesto económico para todo este trabajo también fue un desafío. No habíamos llegado todavía a la meta cuando las cosas se pusieron cada vez «mejores», pues no teníamos el dinero para lograrlo. Pasó casi un año de espera paciente para continuar con nuestra grabación. Hacerlo no fue fácil, pues queríamos que todo se lograra mucho más rápido. A dos personas Dios utilizó para continuar caminando hacia la meta. Alfonso Romero, que era el padre de Freud, nuestro pianista y Carlos. Ellos no solo creían en nuestra música sino que sabían el propósito que Dios tenía con todo esto. Donde quiera que se encuentren, ¡gracias!

Por fin llegamos a un pequeño estudio que nuestro ingeniero Álvaro Llano había encontrado, allí terminamos nuestra grabación. Ahora tenía que pensar en el diseño de la carátula del disco. Conocí a una gran persona, Fernando Treviño, un increíble baterista que también era diseñador gráfico, ¡exactamente lo que estábamos necesitando! Con él desarrollamos algunas ideas que después fueron llevadas al papel para convertirse luego en nuestra portada.

Después de tener todo listo, recuerdo que llevé mi disco a una compañía de distribución con el fin de presentarles nuestro trabajo musical y de que nos ayudaran. Ellos lo escucharon y les pareció interesante. Me impactó y me llamó la atención una de las frases que me dijeron en aquella reunión: «Los artistas nacionales no son un buen mercado. Traen pérdidas económicas»; y esa fue la razón por la que no aceptaron nuestro trabajo. Salí un poco confundido esa vez. Pensé entonces en quién lo vendería y cómo se daría a conocer. Pero en esos momentos recordé una frase que había escuchado en un congreso de alabanza: «Nuestro mejor promotor es el Espíritu Santo de Dios». Por lo tanto, pensar en eso me hizo aterrizar y comprender que si él nos había llevado hasta ese punto, sería fiel para seguir su desarrollo.

Después de unos días me llamó el pastor de jóvenes de la Iglesia Filadelfia Central, Jorge Carranza. Él me propuso hacer un concierto para invitar a otras iglesias con el fin de tener una tarde evangelística. Me pareció un buen momento para promocionar y lanzar mi disco. Le compartí la idea de presentar nuestro trabajo y a él le pareció genial. De hecho, la publicidad y toda la promoción se manejó como el lanzamiento de la grabación «Tiempo de la cruz»; ¡mejor no podría ser! Para aquel lanzamiento tuve la idea de tener algunos músicos más para reforzar cada arreglo que se había hecho en el disco. Entonces llamé a Wiston Caicedo, un trombonista que había conocido en la universidad y que sabía que era cristiano. Él me presentaría a Guillermo Rivas, que tocaba la trompeta. Estas dos personas llegarían a ser un apoyo incalculable para el desarrollo de mi ministerio. Hoy siguen trabajando conmigo y viendo cómo Dios ha sido fiel en todos estos años.

Por fin, la noche del lanzamiento llegó. Con casi mil personas cantamos, danzamos y gritamos en un concierto donde la unción del Espíritu Santo se hizo presente. Jamás olvidaré que esa noche fue de gran cosecha:, además vendimos alrededor de cien discos. Después de unos días recibimos la llamada de Judah Producciones, con la que comenzaríamos la tarea de distribución a nivel nacional. Esto fue una respuesta y un milagro que esperábamos de parte de Dios.

MV Records

Después de un tiempo comenzamos a tener desacuerdos económicos con la empresa de distribución. Recuerdo que en una reunión tuve que tomar la difícil decisión de terminar nuestra relación comercial. Una de las razones que provocó todo fue cuando me dijeron que nuestro disco nunca llegaría a conocerse si no era a través de ellos. Esas palabras me produjeron un efecto contrario a lo que normalmente hubieran esperado. Lo sentí como un desafío que me dio más fuerza y deseos de continuar hacia adelante. Llamé a José Luis Becerra, que era contador público y líder de jóvenes de la Iglesia el Nazareno. Le comenté la idea de formar una empresa de distribución que pudiera dar soporte a la necesidad que teníamos. Su diligencia y responsabilidad me llevó a crear «MV Records», empresa con la que trabajo actualmente. Recuerdo que comenzamos en uno de los cuartos de la casa de Esteban. Allí iniciamos la distribución de nuestra música de una forma sencilla pero efectiva. Rápidamente tuvimos que pasarnos a una casa más grande donde compartía la vivienda con mi familia y podíamos tener un pequeño estudio de grabación y ensayos.

LOS SUEÑOS; REQUIEREN UN PROCESO DE GESTACIÓN. HAY QUE TENER PACIENCIA SIN DEJAR DE AVANZAR

Muchas veces, cuando nos dicen que no podemos o probablemente que sin la ayuda de ciertas personas nunca podremos salir adelante, nos empequeñecemos y en muchos casos dejamos de soñar y de creer en lo que muy posiblemente nos hará conocer a Dios de una forma más real.

Tal vez muchos de los que leen este capítulo han sentido cómo alguien ha frenado el impulso que traían o ha cortado las alas cuando miraban tan solo la posibilidad de lanzarse a volar.

John Maxwell, en su libro «Los 21 minutos más poderosos en el día de un líder», dice que «Convertirse en líder requiere de tiempo. Aunque algunas personas parecen haber nacido para ser líderes, la capacidad de liderazgo es en realidad una conjunción de habilidades; casi todas se pueden aprender y agudizar». Pues bien, lo mismo pasa con los sueños; requieren un proceso de gestación. Hay que tener paciencia sin dejar de avanzar. No hay que detenerse ante las dudas y las críticas, pues son inevitables. Debemos saber que las podemos enfrentar. Como en el caso de José, dolerá cuando los que se interpongan en el camino de tus proyectos sean seres queridos, lo que es también bastante común. A veces eso sucede porque, quienes más te quieren, pretenden estar seguros que con sus motivaciones alcanzarás tus logros. Pero más allá de sus motivaciones, nosotros tenemos que tener claras las nuestras y perseguir aquello que Dios puso como una pasión en nuestro corazón.

«AUN SI VOY POR VALLES TENEBROSOS, NO TEMO PELIGRO ALGUNO PORQUE TÚ ESTÁS A MI LADO; TU VARA DE PASTOR ME RECONFORTA». (SALMO 23:4)

Un mes después de haber grabado mi primera producción entraría a un nuevo tiempo de prueba. Mi padre, con el que poco a poco recuperamos el tiempo que se había perdido, tuvo que ir a la cárcel. Años atrás mi mamá le había puesto una demanda por inasistencia de alimentos; él nunca la atendió. Eso hizo que lo detuvieran y lo llevaran preso para que cumpliera una condena de un año en la cárcel modelo en Bogotá. Fue muy triste y difícil para mí tener que verlo tras las rejas. También tenía temor de que esta situación lo llevara a retroceder en su caminar con Cristo.

Aquella cárcel estaba dividida en varios patios. Algunos, o la mayoría, eran muy peligrosos. Para que mi papá pudiera estar en un patio donde no corriera mucho peligro y nosotros estuviéramos más tranquilos, teníamos que pagar una suma de dinero. Igualmente, a diario tenía que contar con algo de efectivo para poder subsistir en medio de cada necesidad. Recuerdo una llamada que me hizo desde ese sitio. En esa nos demostramos lo increíble que es el perdón verdadero y el gran amor que nos sentíamos. También aprovechó para pedirme que lo ayudara económicamente. Cuando lo hizo, hubiera podido tomar la decisión de no hacerlo, pues estaba allí justamente por desatender sus obligaciones con nosotros; pero mi corazón no se inclinó a hacer eso.

¡QUÉ BENDICIÓN TAN ESPECIAL ES EL PERDÓN!, TE HACE LIBRE Y TE DA LA OPORTUNIDAD DE REVELAR A CRISTO DE UNA FORMA MÁS REAL, SIN IMPORTAR CUÁNTO TE HAYAN MALTRATADO

Yo quería demostrarle que siempre lo había amado y que no tenía ningún resentimiento hacia él. Por eso empecé a ayudarle, pero más que eso, a demostrarle el amor de Dios a través de mi vida.

¡Qué bendición tan especial es el perdón!, te hace libre y te da la oportunidad de revelar a Cristo de una forma más real, sin importar cuánto te hayan maltratado u ofendido. Y es que tampoco importa si tuviste o no la culpa. Si observas a Jesús, te darás cuenta que fue el gran ejemplo de lo que es el perdón. Después de que su misma creación, la humanidad, lo golpeó, odió, traicionó y negó, levantó su voz al Padre para decirle: «Padre, ... perdónalos porque no saben lo que hacen» (Lucas 23:34). Esta característica especial es una de las enseñanzas más desafiantes; me retan a ser diferente.

Tal vez en este mismo momento puedas pensar en aquellas personas que te han ofendido o que ofendiste. ¡Aprovéchalo para perdonarlas, para ser libre y seguir tu camino sin ninguna carga! Ahora mismo, pídele perdón a Jesús. Dile que quieres ser como él, que necesitas la capacidad de perdonar a esa persona que te dejó, que te maltrató, que abusó de tu inocencia sin poderlo mencionar por sentir vergüenza, que traicionó tu confianza, que nunca valoró lo que hiciste —a pesar de que siempre le quisiste agradar—, que te menospreció por tener una incapacidad física o mental. Ahora bien, sin importar cuál haya sido el caso ni tampoco quiénes hayan sido los responsables, que probablemente fueron tus padres, familiares, amigos o enemigos, este es el momento que Dios esperaba para acercarse a tu vida. Por eso, si no estás en un lugar privado, tan solo cierra tus ojos y pídele al Espíritu Santo que te ayude y te guíe por este camino llamado perdón. Te invito a hacer esta oración:

Señor Jesús, reconozco que eres un Dios lleno de amor sin límite: sin altura ni profundidad; que va más allá de mis pensamientos y emociones. Necesito que me llenes de ese amor. Por eso te pido que me limpies de toda maldad. Perdóname porque he rechazado la oportunidad de perdonar a quienes me ofendieron y de pedir perdón a quienes maltraté. Dios, en tu favor y en tu misericordia, déjame ver cada momento de mi vida donde fui maltratado o probablemente el responsable de alguna herida en alguien. Confieso que es a través de ti que puedo hacerlo. Reconozco mi debilidad y mi pequeñez. Hoy declaro que, sin importar quién haya sido el causante de mi dolor y de mi herida, lo perdono. Señor, sana mis heridas, sana este corazón que está cansado de intentarlo con sus propias fuerzas. Declaro hoy que es en las tuyas y por la sangre de Cristo que soy libre de todo pecado. Cristo, tú eres mi fuerza y mi castillo, mi fortaleza y mi refugio. Sé que diste tu vida y resucitaste para hacerme un vencedor. Te amo y siempre te amaré. Amén.

El sonido del silencio

En el tiempo en el que visitaba a mi padre en la cárcel, ocurrió algo que quebraría la vida de toda mi familia. Tenía la mala costumbre de no avisar dónde me encontraba cuando me quedaba en casa de mis amigos. Era un jueves y salí de mi casa al medio día. Cuando estaba en la puerta, Wilson, uno de mis hermanos, me llamó para mostrarme una maqueta que llevaba haciendo en aquellos días. Como siempre, no le presté mucha atención. Muy por encima vi lo que me mostraba con tanto entusiasmo. Esa fue la última vez que lo vería vivo. Al día siguiente, a las seis de la mañana, recibí una llamada que nunca quise recibir. Era mi pastor Héctor Machuca. Me pareció muy raro que supiera dónde estaba y que me llamara a esa hora. Cuando

COMENCÉ A DECIRLE A MI SEÑOR QUE, AUNQUE NO ENTENDÍA EXACTAMENTE LO QUE OCURRÍA, LE DABA GRACIAS

contesté, me dijo algo que parecía ser una broma de mal gusto: que en casa me buscaban urgentemente, pues Wilson, después de haber estado muy enfermo, había partido con el Señor; que me fuera para la casa donde todavía se encontraba su cuerpo sin vida. Cuando colgué, quería despertar de aquella pesadilla. Me senté en una pequeña silla confundido. Lo primero que dije fue: «¡No entiendo, no entiendo!». Mis amigos comenzaron a llorar; estaban tan aturdidos como yo. Salí corriendo a mi casa y, en el camino, seguía tratando de analizar lo que había ocurrido. Poco a poco comencé a llorar y, entre el llanto y una sonrisa tímida, le dije a Dios que eso no podía ser cierto, que había un error, que sabía que él tenía todo bajo control. La verdad, ni sabía qué pensar.

Cuando llegué, no había nadie. Busqué en la habitación de mis hermanos menores, donde dormía Wilson, pero, al acercarme a su cama, caí de rodillas. Pude notar que estaba mojada. Lloré como nunca lo había hecho, comencé a gritar su nombre y a pedirle perdón: «¡Wilson!, ¡Wilson!... ¡perdóneme, por favor!». Pasaron algunos minutos mientras repetía esas palabras. De repente, me vino a la mente un versículo de la Biblia: «Y todo lo que hagan, de palabra o de obra, háganlo en el nombre del Señor Jesús, dando gracias a Dios el Padre por medio de él» (Colosenses 3:17). Comencé a decirle a mi Señor que, aunque no entendía exactamente lo que ocurría, le daba gracias. Me sentí haciendo algo ilógico, pero fue lo único que salió de mi boca: «¡Gracias!, ¡gracias!, ¡gracias!». Luego me levanté, pues no pude quedarme allí solo. Salí directo hacia la clínica donde habían llevado a mi hermano. Cuando llegué, el panorama de aquel lugar era demasiado agónico. Mi madre me abrazó llorando. Lo primero que me dijo fue que mi abuela, que también se encontraba allí, no sabía que ya Wilson se había muerto. No le querían decir la verdad, pues no sabían cómo reaccionaría. Sin embargo, algunas horas después, mi abuela escuchó que mi mamá hablaba sobre atender lo del funeral. Ese fue el momento más doloroso. Mi abuela, sin ninguna palabra, cayó al piso. Con una mirada triste y perdida sentía que perdía todo. En ese momento todos comenzamos a llorar y a desahogar el «nudo en la garganta» que teníamos contenido desde horas atrás. Gracias a Dios había varios hermanos de la iglesia que fueron de mucha ayuda en ese momento tan desalentador. Nos extendieron no solo sus brazos sino también una ayuda económica en ese tiempo tan desolador y triste.

El diagnóstico médico fue que él había padecido una muerte repentina, algo que no se anuncia y que lo hace más difícil. No estábamos preparados para una noticia así, y creo que nunca estaremos preparados cuando la muerte llegue a nuestra puerta.

En la tarde se llevaron el cuerpo de mi hermano a la morgue, donde tuvimos que esperar algunas horas para que nos lo dieran para llevarlo después a la sala de velación. Después de ser llevado a aquel lugar, sucedió algo que nunca había pasado en mi vida. Yo no quería ver su cuerpo. Traté de estar lejos del cajón para quedarme solo con la imagen del día que salí de casa, pero, después de unas horas, tímidamente me acerqué para verlo. Cuando lo hice, no pude contener todo el dolor ni el sentimiento de culpa por no haber estado en casa cuando falleció. Comencé a gritar y perdí todo el control de mi ser. Recuerdo que entre gritos, gemidos y llanto le quise cantar: «Te veo en el cielo»; aquella canción expresaba lo que mi corazón sentía en ese instante:

EL DIAGNÓSTICO MÉDICO FUE QUE ÉL HABÍA PADECIDO UNA MUERTE REPENTINA, ALGO QUE NO SE ANUNCIA Y QUE LO HACE MÁS DIFÍCIL. NO ESTÁBAMOS PREPARADOS PARA UNA NOTICIA ASÍ, Y CREO QUE NUNCA ESTAREMOS PREPARADOS CUANDO LA MUERTE LLEGUE A NUESTRA PUERTA.

«Es muy difícil esperar
y un adiós así dar a tiempo.
Sé que el sol se ocultará
concluyendo lo nuestro.
Hubiera deseado estar
y un día más contigo pasar.
Aunque ya no estés aquí
te veo en el cielo, te veo en el cielo».

Coro
«Aun más que perderte me duele más
los años que no estuve a tu lado.

Quiero correr hacia ti.
Te quiero enseñar lo que he logrado,
pues lo que más duele es ya no poder vivir junto a ti».

«Veo la foto de un pequeño que
solo está, queriéndote hallar.
Es increíble cómo creció,
aun así solo él continuó.
Hubiera deseado estar
en tus brazos otra vez.
Aunque ya no estés aquí,
allá te abrazo,
te abrazo en el cielo».

Coro
«Pues muchos años yo dejé pasar.
Creí que en control estaba.
Ahora que veo que no es así,
se ha terminado.
Te debo dejar ir».

«Solo un minuto nada más
hubiera querido decir
te amo, más te lo diré
allá en el cielo,
allá en el cielo».

Mi hermano Luis me abrazó y comenzó a orar pidiéndole a Dios que tomara el control de mis emociones. Nunca había perdido el equilibrio y el control de mis sentimientos de esa manera. Todo eso que pasaba realmente me hizo ver un panorama desértico en mi camino. Hoy puedo decir con toda sinceridad que Dios trataba con mi vida de una forma muy particular.

Al día siguiente quisimos tener un tiempo de adoración y agradecimiento a nuestro Dios antes de salir a enterrar su cuerpo. Quizás te preguntes con qué ánimo cantaríamos en ese momento, pero créeme que lo único que he aprendido a hacer en medio de una tormenta es tomar mi guitarra y perderme en el silencio de su presencia para esperar en sus promesas y en su Palabra. Así, mi hermano y yo tomamos las guitarras y comenzamos a cantar declarando la fidelidad y la soberanía de nuestro Señor. Fue un tiempo poderoso el que pudimos vivir los que nos encontrábamos allí. Sentimos una paz sobrenatural en nuestras vidas. Verdaderamente fue algo que sobrepasaba todo entendimiento. En ese instante entendimos lo que es ofrecer a Dios adoración con sacrificio.

Pero todavía faltaba un detalle que me causó mucha tristeza. Llegando a casa me puse a observar con detalle aquella maqueta que me había mostrado el día que falleció. Me di cuenta que Wilson soñaba con que fuera la casa que tanto anhelábamos como familia. Fui observándola hasta llegar a una linda habitación que me llamó la atención; tenía un piano y una guitarra. Pensé que ese podría ser mi cuarto. Cuando me acerqué mucho más para ver qué decía en una de las pequeñas paredes, no pude contener mi llanto. Allí decía: «Tiempo de la cruz»; el nombre de mi primer disco. Rápidamente dejé la maqueta a un lado y corrí hacia el baño, pues no quería que mi mamá se diera cuenta que mi corazón estaba hecho pedazos. Lloré silenciosamente y me atraganté cada uno de los gemidos que producía mi alma, mi espíritu y mi cuerpo; nunca imaginé que mi hermano pensara en mí de esa forma y mucho menos que quisiera lo mejor para mi vida.

La culpa fue algo que comenzó a atacar a nuestra familia desde diferentes puntos y durante las siguientes semanas. Yo luché con la idea de que si hubiera estado con él ese día, tal vez seguiría vivo. Fueron muchos momentos los que pasaron por mi mente imaginando de todo por esa situación. Mi madre durante varias mañanas se levantó para buscar a Wilson por toda la casa; a cada momento se culpaba por no haber actuado a tiempo. Por otro lado, mi padre estaba en la prisión sumergido en una culpabilidad mucho más fuerte, pues cuando se fue de casa, Wilson estaba muy pequeño y no tuvo la oportunidad de conocerlo. Tengo la seguridad de que Dios trataba con su vida de una forma muy especial. El día del entierro le dieron un permiso especial para salir resguardado por dos guardias. Todo eso me llevó a recuperarme y a entregarle aquella pesada carga a mi Señor.

Después de un tiempo comencé a entender un poco lo que había ocurrido. Ocho días antes de la muerte de Wilson tuve tres sueños que tenían que ver con la venida de Jesús a la tierra y mi hermano. En uno de estos había un edificio muy alto que se hundía y dejaba a mucha gente enterrada bajo los escombros. Entendí que aquella estructura representaba este mundo y que la gente que estaba allí dentro era toda la humanidad que no conocía a Cristo como su Salvador. Yo me encontraba con otras personas y trataba de salvar la mayor cantidad vidas. Era una tarea que en el sueño la sentí muy fatigante y difícil. Después de que el edificio se había terminado de hundir, miré hacia mi alrededor y, con una sonrisa, dije dentro de mí: logré salvar muchas vidas. En ese instante me entró un pánico muy fuerte por mi familia, pues me daba cuenta de que me había preocupado tanto por salvar a otras personas que nunca pensé en ellos. Así que lo primero que hice fue gritar desesperadamente el nombre de mi hermano Luis: «¡Lucho, Lucho!». Después de buscar un rato, me di cuenta que al otro lado de un gran río él levantó su mano; se veía cansado y tenía su ropa muy desgastada, al igual que yo. De pronto, a mi lado, apareció Wilson. A diferencia de nosotros, él vestía ropa limpia y jugaba al yoyo. Su rostro reflejaba una felicidad y una paz especial. Me dijo que siempre había estado allí. Cuando lo abracé porque sentía que llevaba mucho tiempo sin verlo, me desperté llorando sin entender muy bien lo que había soñado.

Esa misma noche tuve dos sueños muy similares. Tenían que ver con mi familia y en especial con mi hermano Wilson. Entendí que Dios había destinado tan solo ese tiempo de salvación para él. Como yo no había sido ese hermano ejemplar que debí ser, Dios me mostró que me daba una nueva oportunidad para serlo con el resto de mi familia, pero en especial con mi hermano menor John Pablo. Él tenía catorce años, una etapa donde necesitaba el apoyo de su familia y ver en nosotros el amor y la presencia de Dios. Algo que me impactó y conmovió fue que, algunos años después, en medio de una reunión con todo mi equipo de trabajo, hicimos un pequeño taller donde cada uno debía decir qué bendición había traído este ministerio a su vida. Cuando le tocó el turno a Johny, con lágrimas en sus ojos me miró diciéndome que le daba gracia a Dios porque sabía que había conocido del amor de Jesús a través de los conciertos en donde nos acompañaba. Dijo que uno de sus sueños era poder ser como yo. Cuando mencionó eso, cada uno de los que estábamos allí nos pusimos a llorar y a darle gracias a nuestro Señor de poder impactar a personas muy cercanas, y en especial a mi hermano.

Ahora el abuelo

Después de unos meses, mi abuelo, que era como mi padre y un hombre al que aparte de amarlo admiraba por su forma de ser, comenzó a sentirse muy mal; él había sido una persona llena de salud toda su vida. Era muy difícil verlo enfermo, pero luego ya no fue así. Llegué a pensar que lo tendría para siempre, pero todo aquí en la tierra tiene un fin. Noventa y tres años tenía cuando le detectaron cáncer en el colon. Pasaron unos meses donde, a diferencia de la muerte de mi hermano, nos pudimos preparar para una nueva despedida.

TODOS LOS DÍAS SE ESFORZABA POR DAR UNA SONRISA EN MEDIO DE SU AGÓNICO DOLOR.

Los últimos días de mi abuelo fueron en un hospital lleno de cables, medicinas, oxígeno y muchos elementos más. A pesar de todo, cada vez que lo visitaba era una enseñanza para mí. Al preguntarle cómo se sentía, siempre decía que bien. Todos los días se esforzaba por dar una sonrisa en medio de su agónico dolor. Nunca dejaré de recordar aquel momento cuando me dijo al oído que me encomendaba solo dos cosas: a mi abuelita y a mi madre; que no las fuera a dejar solas, que él sabía que partiría y lo único que le preocupaba era nuestro bienestar y el de su esposita y su hija. Él también fue un hombre muy trabajador. Siempre lo vi en su zapatería desde la mañana hasta altas horas de la noche. Muchas veces me senté a su lado para escucharlo contar hermosas historias y cantar aquellas melodías que componía. Nunca vi a alguien con tanta facilidad para ponerle música a lo que leía en la Biblia. En su pequeño banquito de madera, donde día a día pasaba largas horas exaltando a Dios, se sentaba para reparar con sus manos aquellos zapatos viejos y dañados que después de pasar por sus manos quedaban mejor que cuando se habían comprado. Nunca olvidaré que también en mi niñez pasé con él momentos de mucha alegría y descanso. El 29 de enero de 2001 partió con el Señor. Dos días antes de que muriera pasamos un lindo tiempo donde él y yo cantamos juntos a Dios y declaramos que, siempre cuida de nuestras vidas. ¡Gracias, mi buen Señor, por darme un hermoso abuelo que siempre lo recordaré como un apasionado por ti y lleno de amor por su familia!

10

al taller del

Maestro

«POR LA FE EN EL NOMBRE DE JESÚS, ÉL HA RESTABLECIDO A ESTE HOMBRE A QUIEN USTEDES VEN Y CONOCEN. ESTA FE QUE VIENE POR MEDIO DE JESÚS LO HA SANADO POR COMPLETO, COMO LES CONSTA A USTEDES». (HECHOS 3:16)

Después de que mi abuelo murió, quedó un vacío tan grande en casa que, a medida que pasaba el tiempo, solo Jesús pudo llenarlo. Pero, por otro lado, la empresa que había formado seguía creciendo. Estábamos recibiendo muchísimas invitaciones para participar en conciertos. En todos estos, el Señor era más evidente en mi vida; su amor me llenaba cada vacío y me sanaba toda herida.

Recuerdo que terminamos el año con una presentación en la ciudad de Cali. Compartíamos escenario con la banda «Rescate» de Argentina. Al terminar, noté que tenía una molestia con mi voz. Los siguientes días se hizo más aguda, pero pensé que se debía al cansancio, por eso decidí tomarme un tiempo de vacaciones. Cuando finalizaron, noté que no había mejorado. La molestia no me dejaba cantar con facilidad. Decidí, entonces, consultar a un especialista.

Tumores

Después de que me examinaron, el médico encontró unos extraños tumores en mi garganta. Solo con escuchar la palabra tumor me asusté.

Decidí pedir otra opinión con otro especialista para estar seguro de lo que me decían. Cuando llegué a esa segunda cita, el médico me hizo sentar y comenzó a llenar mi historial. Él no sabía que yo ya había visitado a otro especialista ni tampoco a qué me dedicaba. Al preguntarme cuál era mi profesión o mi trabajo, le respondí que era músico. «Ah, ¿y qué instrumento tocas?», me preguntó muy amablemente. Le respondí: «Tocó la guitarra, pero en realidad lo que yo

CUANDO TERMINÉ DE ORAR, SUPE QUE DIOS TENÍA EL CONTROL DE TODO Y TRATÉ DE NO PREOCUPARME. SIN EMBARGO, AL PASAR LOS DÍAS Y NO VER LO QUE ESPERABA, DE INMEDIATO LA TENSIÓN EMPEZÓ A CRECER.

hago es cantar». Entonces me miró un poco preocupado y me preguntó que si mi vida se sostenía de esa profesión. Inicialmente no supe cómo responderle, ya que lo primero que me vino a la mente fue que mi sustento siempre había sido mi Señor. Igual, después de unos segundos, le respondí que sí. Aquel doctor se puso un poco más tenso y, mirándome a los ojos, me dijo que lo que yo tenía en mis cuerdas vocales era un tumor que me impediría volver a cantar. No lo podía creer, no sabía qué pensar ni qué hacer. Quedé como una «momia». Después le pregunté qué debía hacer. Me dijo que requería una operación, pero que no estaba seguro de que mi voz llegara a recuperarse al ciento por ciento. En otras palabras, tenía que dedicarme a otra cosa que no fuera cantar.

Programamos la operación para un mes después. Me recomendó además que no hablara demasiado y que cancelara toda invitación donde tuviera que cantar. Cuando salí de aquel consultorio, no pude contener los deseos de llorar. Una vez más mis lágrimas comenzaron a ser protagonistas en mi vida, y no por algo que me llenara de alegría. Miles de preguntas pasaron por mi mente y sensaciones por mi corazón. El enemigo comenzó a bombardear mi mente y me hizo creer que me había equivocado al pensar que este era mi llamado. Me hizo pensar que Dios me había dejado, que me había botado y que no cumpliría sus promesas en mi vida. Realmente me sentía muy confundido; no sabía qué hacer. Cuando llegué a casa, me senté para tratar de analizar lo que me pasaba. Después de estar callado unas buenas horas, hice la siguiente declaración: «Dios, quiero que sepas que siempre encontrarás en mi corazón una canción de amor para ti. Que aunque me falte la voz o alguna parte de mi cuerpo, mi alma y mi espíritu nunca se cansarán de declarar que Jesús es el Señor de la creación». Recuerdo aquella oración como si fuera hoy.

Cuando terminé de orar, supe que Dios tenía el control de todo y traté de no preocuparme. Sin embargo, al pasar los días y no ver lo que esperaba, de inmediato la tensión empezó a crecer. Después de eso, toda mi familia se enteró.

Esperaba por un milagro en mis cuerdas vocales, pero comencé a desfallecer al ver que no llegaba. En las noches no podía parar de llorar ni de pedirle a Dios que me sanara. Le rogaba que me ayudara a pasar esta nueva prueba, pero, como en ocasiones anteriores, su silencio se hizo presente. En una de esas noches tomé un papel y un lápiz para plasmar mi dolor y, por qué no, mi queja hacia él.

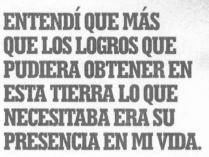

ENTENDÍ QUE MÁS QUE LOS LOGROS QUE PUDIERA OBTENER EN ESTA TIERRA LO QUE NECESITABA ERA SU PRESENCIA EN MI VIDA.

Jamás lo podré olvidar porque esto que sigue fue lo que escribí:

«¡Ay, cómo me duele estar despierto y no poder cantar!
¿Cómo expresarte sin palabras que me muero si no estás?
¿Que el tiempo pasa y todo cambia? Hoy lloro de soledad.
¿Que el sueño que llevo en el alma de repente ya no está?
¿Que la sonrisa se ha marchado? Mis lágrimas caerán».

«Al taller del Maestro vengo, pues él me curará.
Me tomará entre sus brazos y cada herida sanará.
Las herramientas del Maestro... mi alma él remendará.
Martillo en mano y mucho fuego; aunque me duela ayudará
a conocerlo y a entenderlo, a saber que nada merezco.
Amar es más que un pretexto; es una entrega, es un negar.
Más que aquel sentimiento es la decisión de amar».

«Al taller del Maestro vengo.
Allí el sol se pondrá. Carpintero, mi alma aquí está.
No importa el tiempo que allí he de estar.
Aunque me duela, eso me ayudará.
Aquí estoy Carpintero.
Al taller del Maestro».

«Ay de aquellos días que hizo frío; el sol no apareció.

Cuando el talento no lo es todo, y el silencio vale más
que mil palabras sin sentido y una vida que morirá.
Si tú no estás aquí conmigo, de qué sirve mi cantar.
Para qué la fama y las estrellas, si el Maestro allí no está.
Para qué decirte que te amo, si contigo no quiero estar».

Cuando terminé, no pude evitar llorar de nuevo. Aunque
fui yo el que había escrito esas palabras, sentía que él me
hablaba a través de las mismas. Comencé a pedirle perdón
a Jesús porque mi prioridad había cambiado sin darme
cuenta. Entendí que más que los logros que pudiera obtener en esta tierra lo que necesitaba era su presencia en mi
vida. Sin embargo, luego algo cambió. Realmente ya no me
importaba si sanaría o no sino conocerlo más y más. Creo
que aquella noche entendí mayormente lo que es poder
amar a Dios con más que una canción, una loca emoción
o una simple y vana religión. Esto que sucedía y lo que me
había pasado en años anteriores estaba formando mi carácter para entender que amar a Dios es más que un pretexto,
realmente es una entrega y un morir absoluto. Que si cada
uno de nosotros no morimos a nuestro egoísmo, él no po-
drá hacerse vida en nosotros; pasaremos preguntándonos
por qué es que Dios no nos responde. En esos momentos es
cuando el diablo nos puede susurrar con otra cuestión: «Si
Dios te ama, ¿por qué...?»; y otras preguntas relacionadas
con esa.

Un nuevo nivel

Después de esa noche, mi relación con Jesús pasaría a un
nivel diferente, una nueva etapa donde comenzaría a experimentar esa vida sobrenatural que él desea para cada uno
de nosotros. En ese nuevo momento, paso a paso, minuto
a minuto, dolor tras dolor, aprendí a depender de Jesús y a
agradecerle sus procesos en mi vida. Finalmente comprendí lo que es tener a Dios como Rey y no solamente como
Ayudador; como Señor y no solamente como Salvador. Pero
también comprendí que hay momentos en que es muy di-

fícil entender lo que él hace en nosotros. Así me pasó a mí, y puede que a ti te esté pasando igual; por eso escribo todo esto. Sin embargo, sentirte así es normal, pero no debe ser el fin. Ahora comprendo lo fácil que es perder el control, desesperarse y «botar la toalla» en medio de la pelea.

Muchas veces me encontré solo y desesperado por una respuesta de Dios que no encontraba; esto hacía que mi confianza en él se pusiera a prueba. Pero, ¿quién no pasa por eso? Creo que esta es una de las razones de que estén en la Biblia las historias de Abraham, José, Job, Elías, Daniel, por mencionar algunas. Todos ellos en algún momento no entendieron lo que Dios quería hacer en sus vidas.

Hace poco leí un increíble libro llamado: «Cuando lo que Dios hace no tiene sentido», escrito por el Dr. James Dobson. En un aparte describe la siguiente ilustración:

«Un hombre había sido condenado a estar incomunicado en una celda oscura. Lo único que tenía para mantener ocupada su mente era una canica que tiraba repetidamente contra las paredes. Se pasaba las horas oyendo el ruido que hacía al rebotar y rodar por toda la cel-

FINALMENTE COMPRENDÍ LO QUE ES TENER A DIOS COMO MI REY Y NO SOLAMENTE COMO MI AYUDADOR.

da. Luego la buscaba a tientas en la oscuridad hasta que la encontraba. Entonces, un día el prisionero tiró su valiosa canica hacia arriba, pero ésta nunca cayó al suelo. Solo reinó el silencio en la oscuridad. Se sintió tan angustiado por la "desaparición" de la canica y por no poder explicar qué era lo que había ocurrido que se volvió loco. Se puso a arrancarse el pelo hasta que finalmente murió. Cuando los oficiales de la cárcel entraron en la celda para sacar su cuerpo, uno de los guardias vio que había algo atrapado en una enorme telaraña que estaba en la parte de arriba de uno de los rincones de la celda. *Qué raro*, pensó. ¿Cómo habrá ido a dar allá arriba esa canica?

»Como la historia de este frenético prisionero ilustra, a veces la percepción del ser humano plantea preguntas que la mente no puede contestar. Pero siempre existen respuestas lógicas. Sencillamente, tiene sentido que aquellos de nosotros que somos líderes de Cristo no dependamos demasiado de nuestra habilidad para armar el rompecabezas, especialmente cuando tratamos de comprender al Omnipotente. No solo la percepción humana es muy imprecisa y deficiente, sino que aun debemos confiar menos en nuestras emociones».

La provisión sobrenatural de Dios

No hay tormenta que dure una eternidad, ni oscuridad que no se pueda alumbrar. O como dice un viejo refrán: «No hay mal que dure cien años, ni cuerpo que lo resista». La Biblia lo dice en otras palabras:
«Y después de que ustedes hayan sufrido un poco de tiempo, Dios mismo, el Dios de toda gracia que los llamó a su gloria eterna en Cristo, los restaurará y los hará fuertes, firmes y estables» (1 Pedro 5:10).

No se puede ignorar una verdad tan grande ni ocultar el brillo del sol con un dedo.
El siguiente versículo dice algo que me gusta mucho:
«Dios no es un simple mortal para mentir y cambiar de parecer. ¿Acaso no cumple lo que promete ni lleva a cabo lo que dice?» (Números 23:19).

Muchos hemos entendido que el Señor es un Dios de milagros, que hace cosas increíbles y sobrenaturales, ya sea que lo hayamos escuchado, leído, o tal vez como Tomás, que lo hayamos visto. Pero hay una diferencia enorme entre ver, leer y observar lo que Dios hace en nuestras propias vidas. Al observar la vida de grandes hombres de Dios en la Biblia, encuentro que cada uno tuvo un encuentro sobrenatural que transformó sus vidas ordinarias en unas extraordinarias, y que los llevó a un nivel diferente de fe y confianza. Ahora bien, te invito a que miremos algunos ejemplos asombrosos.

Comencemos con el rey David. Algunos hemos creído que lo sobrenatural fue vencer al gigante Goliat. Sin embargo, antes de que eso ocurriera, sucedió algo aun más sorprendente que lo llevaría a una dimensión mayor a la que estaba acostumbrado a vivir. Cuando el profeta Samuel llegó a la casa de su padre para ungir al nuevo rey de Israel, David no estuvo en aquel lugar. Su padre y sus hermanos no lo tenían en cuenta para nada y mucho menos para estar presente en ese momento tan especial para esa familia. Después de que Elí le presentó a Samuel cada uno de sus hijos, no encontró al que Dios había elegido. Por otra parte, David se encontraba cuidando el rebaño de ovejas de su padre, sin saber lo que acontecía en su casa. Sin mucho ánimo y con mucha

NO HAY TORMENTA QUE DURE UNA ETERNIDAD, NI OSCURIDAD QUE NO SE PUEDA ALUMBRAR.

incredulidad, Elí mandó llamar a su hijo menor. Cuando este chico pequeño a los ojos de los hombres entró a casa, Samuel supo que era el que Dios había escogido. ¡No le parece esto asombroso y sobrenatural!

Aun cuando nadie creía en él y sin ninguna oportunidad aparente de ser alguien destacado, Dios mismo lo llamó y lo escogió como el nuevo rey de su pueblo. El destino de David no lo demarcó su pasado, su familia, su rechazo o su poca edad. No, su destino estaba en las manos de Dios.

José, también conocido como «el soñador», fue un chico que, a diferencia de David, era amado y preferido por su padre Jacob. Dios le había mostrado en sus sueños cómo sus hermanos y su padre se inclinaban ante él; y obviamente esto no les gustó a sus hermanos. Sumado a la preferencia que su padre tenía por él, decidieron venderlo como esclavo. Después de esto, José afrontaría un proceso en su vida que fue muy difícil de entender, pero permaneció fiel a Dios; y sus sueños se cumplieron.

También podríamos agregar a varios otros, incluso a varias mujeres, como María, Ester y Saray. Tal como les sucedió a estas increíbles personas, llegaría el momento de comenzar a ver las promesas de Dios cumplirse en mi vida. Después de afrontar una y otra circunstancia difícil, aprendí en el proceso de Dios a esperar, a ser fiel en lo poco y a creerle a su Palabra. Comenzaría a vivir en carne propia lo sobrenatural y extraordinario de su poder y su amor.

En medio de aquel largo mes de espera para la intervención quirúrgica tomé la decisión de no operarme y comenzar a vivir en su promesa de sanidad para mi vida. Y algo importante: no digo que esto sea lo que deben hacer todos, pero tuve la convicción de que era lo que yo debía hacer. Un día antes de aquella operación fui a visitar al especialista que me operaría. Cuando me vio, recordó rápidamente quién era y me preguntó si estaba listo para la intervención. Le contesté que me sentía bien y que no quería que me operaran. Le conté sobre mi creencia en Dios y le aseguré que él me había sanado. Aquel doctor me miró como pensando que no solo tenía afectada mis cuerdas vocales sino también la cabeza. Me propuso examinarme una vez más para estar seguro de si seguía o no el tumor ahí. Me pareció lo más lógico de parte de él. Me observaron detalladamente alrededor de cuatro personas aquella tarde. Uno a uno fue pasando sin poder encontrar aquel tumor. Mi especialista fue el último en hacerlo. Después de revisarme, no tuvo la menor duda de que el tumor había desaparecido. Incluso estaba impactado de ver lo bien que estaban mis cuerdas vocales, pues su color era muy normal. Pero yo la verdad no me impresioné mucho. Estaba más que seguro de la sanidad que había operado el poderoso y fiel Dios en mi vida. El doctor Alberto me dijo que esa era la segunda vez que veía algo así y que realmente tenía que ser un milagro. Y sí, era un milagro, pues era el cumplimiento de una de las muchas promesas que Dios tiene para nosotros. Por esta razón es que te invito no solo a que te apropies de sus promesas sino a que las vivas y las creas de una manera genuina. Que creas de la misma forma en que se entiende una frase de la hermosa canción de mi amigo Daniel Calveti: «La última palabra la tiene él».

En esas circunstancias entendí que todo sueño y promesa

tiene un proceso que debemos saber pasar. Afrontaremos muchos desafíos mientras sea probado nuestro corazón.

11
mi
Mariposita

«MUJER EJEMPLAR, ¿DÓNDE SE HALLARÁ? ¡ES MÁS VALIOSA QUE LAS PIEDRAS PRECIOSAS! SU ESPOSO CONFÍA PLENAMENTE EN ELLA Y NO NECESITA DE GANANCIAS MAL HABIDAS. ELLA LE ES FUENTE DE BIEN, NO DE MAL, TODOS LOS DÍAS DE SU VIDA». (PROVERBIOS 31:10-12)

Dios tenía preparada para mi vida una de las bendiciones más grandes y tiernas que jamás había vivido. Todo comenzó cuando recibí una invitación de un colegio cristiano que me pareció muy interesante. Sabía de antemano que no sería fácil, pues, en la mayoría de los colegios cristianos, la actitud de sus estudiantes es mostrarse apáticos a las cosas de Dios. Sin embargo, al llegar, encontramos una gran expectativa por nuestra visita. Eso permitió que se estableciera un vínculo más apropiado para cumplir con nuestro propósito. Una vez que estuve allá, me puse a observar el comportamiento de los chicos. Algunos saltaban, otros tan

solo escuchaban, y, muy pocos, levantaban sus manos en señal de adoración. No obstante, alguien me llamó radicalmente la atención: era una jovencita que le cantaba a Dios con actitud de total entrega. A ella no le importaba mucho si sus compañeros la criticaban o no; ella estaba allí para aprovechar el momento de cantarle a nuestro Dios. Al observarla, no solo me di cuenta de que era una joven apasionada por las cosas de Dios sino que era increíblemente hermosa. Traté de concentrarme en lo que debía hacer, pero me era imposible pasarla por alto. Cuando terminó el concierto, quería saber quién era. Sabía que no sería fácil, pues no la buscaría para presentarme ni para pedirle su teléfono o algo por el estilo. Siempre me ha parecido muy atrevido y poco decente dar el correo electrónico o el número telefónico a personas después de un concierto. Esto se presta para muchos problemas. Es más, no todos los que piden tus datos tienen el propósito de darte una palabra de bendición; eso lo sabía muy bien. Sin embargo, después de saludar a varias personas y firmar algunos discos, se me acercó un amigo que hacía algún tiempo no veía. Después de conversar un rato, me preguntó si estaba interesado en mandar a hacer papelería, como afiches, volantes, tarjetas de presentación, etc. Le dije que sí, que me interesaba, pues estaba por mandar a hacer unos afiches para un concierto que estaba programado para unos meses adelante. Mi amigo me dijo que conocía a alguien que podía colaborar con eso y que podía darme precios favorables. La idea me pareció chévere. Mientras hablábamos, seguía saludando a los chicos; no podía verlo a los ojos. Entonces me dijo que traería a una de las hijas de la persona de la que me hablaba para que le dejara mis datos. Cuando volvió, me presentó a aquella preciosa jovencita. Al escuchar su voz, miré rápidamente para ver quién era. Me llevé una gran sorpresa; era ella, la chica que había robado mis miradas. Así que me puse un poco nervioso porque no podía creer que estuviera hablándole. Me dijo que si quería, me daba los números de teléfono para contactar a su papá. Yo le respondí que me «urgía» hablar con su padre; que lo llamaría esa misma noche. Ella, inocentemente, me los dio; pero la verdad era que no llamaría precisamente a su padre. ¿Te imaginas?

Yo quedé flechado y con muchos deseos de llamarla. No obstante, pasaron algunos días para hacerlo. Necesitaba realmente tener el diseño de los afiches para tener un muy buen pretexto para poderla ver de nuevo. Cuando llegué a su casa, su familia me recibió de una forma muy amable y servicial.

Futuros suegros...

Su padre se veía como un hombre accesible; pronto me enteré que su nombre era Gilberto. Comencé a hablar con él sobre los diferentes detalles de lo que queríamos para el afiche. Mientras lo hacíamos, escuché que su esposa llamaba a su hija Natalia para que bajara a saludar. Por lo que pude notar, ella no lo quería hacer. Pero, para mi alegría, después de un buen rato lo hizo, aunque de una forma un poco antipática. Después de eso nos sentamos a la mesa para tomar algo mientras hablábamos sobre obedecer a nuestros padres cuando ellos no estaban de acuerdo con alguna relación sentimental. ¡Ahí me di cuenta que tenía novio!

Los padres de ella no aprobaban esa relación. Me instaron a darle algún consejo a ella para que tomara una buena decisión... Así que les conté un poco sobre mi relación de noviazgo anterior. Les dije que muchas veces uno cree tener la razón y la verdad, pero cuando uno se da cuenta que no es así, termina llorando por haber errado. Ella no quedó muy convencida.

Pero después de esa vez, comencé a llamar a su casa prácticamente todos los días con alguna excusa tonta; y siempre deseando que ella me contestara. Pero no lo hacía, era su hermana menor la que contestaba; admiradora número uno de nuestra música. Ella me preguntaba de todo y por todos, del pasado y del presente. Pero cuando escuchaba un pequeño espacio en su respiración, rápidamente le preguntaba por su hermana. Así, después de un rato, que a mí me parecía una eternidad, me la pasaba. Aquí se cambiaban los papeles. Me tocaba a mí hablar de todo sin que ella me lo preguntara. ¡No me hablaba casi nada! Se me hacía bien difícil establecer una conversación con ella. Sin embargo, un día me preguntó sin rodeos cuál era mi intención al llamarla tanto. Me quedé hecho una «barra de hielo». Por ahí dicen que entre más bravo el toro mejor la corrida. Así que después de insistir muchas veces, me aceptó una invitación a salir. Lo que no supe sino hasta después fue que su madre la había casi obligado a que saliera conmigo, pues deseaba que conociera a otras personas y pensaba que esa era una buena oportunidad de hacerlo. ¡Gracias a Dios por Marlene! ¡No todas las suegras son antipáticas!

Comenzamos a conocernos y me di cuenta que era una joven con principios claros. Tenía una entrega a Dios admirable. Su vida me desafiaba a ser mejor. Después de un tiempo, mi admiración y cariño se hicieron más fuertes. Ella, por su parte, despertó un interés especial por conocerme.

Meses después de salir y de conocernos más la invité a un restaurante italiano donde le propuse que fuera mi novia. Allí comenzaría una de las etapas más hermosas y desafiantes de mi vida, pues sabía que era la escuela para el matrimonio. Hablamos con sus padres y les pedimos su bendición. Una de las cosas que les dije fue que no solo deseaba ser el novio de su hija por un tiempo sino que mis intenciones eran que algún día nos casáramos. Ellos se dieron cuenta que mis palabras eran serias y radicales. Así que, orando por nosotros, nos dieron el permiso y la bendición para vivir esta etapa. De esa forma fue que conocí a Natalia Rodríguez, una mujer apasionada y entregada a Dios, y con una hermosura única.

Nuestro noviazgo tuvo sus diferentes pruebas. Una de esas fue sanar y restaurar aquellas palabras que había declarado después de terminar mi anterior noviazgo. Yo había cerrado toda posibilidad de ser especial, detallista, tierno; había enterrado toda opción de entregar mi corazón por completo. Eso repercutió en muchos momentos de nuestras vidas, pues tuvimos que luchar y dejar que Dios ministrara cada una de aquellas áreas para que no le hiciera daño a nuestra relación. De hecho, todo esto me hacía pensar y preguntarme: *¿Y si otra vez me equivoco?* Pero el verdadero amor echa fuera todo temor. El amor de Natalia me demostró su paciencia y ayuda. Gracias a eso pude entregarle poco a poco mis temores a Jesús para que me liberara y me permitiera dar un paso más en esta hermosa relación.

Cuando me encontraba en la ciudad de Monterrey, México, le dije a Dios que quería casarme con Natalia. Esperaba que él me diera una señal como las que muchos de nosotros queremos o que bajara en forma de fuego o que el cielo se abriera para que su voz dijera: «¡Ella es!»; y cosas por el estilo. Pero no hay nada tan especial como cuando aprendemos a confiar en Dios sin tener la necesidad de que ocurran cosas como esas. Yo pude sentir su paz y su abrazo mientras me decía: «¡Dale, hijo, que yo estaré contigo. Ese en mi deseo también!». Entonces, junto con la familia Blanchet, compré el anillo de compromiso. Estaba súper emocionado de saber que era ella la que Dios había elegido para ser mi esposa. Quería que fuera algo muy especial cuando le propusiera matrimonio.

Al día siguiente de llegar a Bogotá, un 5 de diciembre, en medio de un concierto en el estadio «El Campín» y en el que esperábamos a unas veinte mil personas, se me ocurrió que le podría pedir la mano. Quería que lo supiera todo el mundo. Así que preparé lo necesario para aquel momento. No se lo quise comentar a muchas personas, pues deseaba que fuera una sorpresa. A mi madre se lo conté la noche anterior; le dio un poco duro la noticia, pues no se la esperaba. Además, ella no estaba segura de que Natalia fuera la indicada para ser mi esposa.

> EN MEDIO DE UN CONCIERTO EN EL ESTADIO «EL CAMPÍN» Y EN EL QUE ESPERÁBAMOS A UNAS VEINTE MIL PERSONAS, SE ME OCURRIÓ QUE LE PODRÍA PEDIR LA MANO.

Sin embargo, con mucho amor y respeto, le expliqué lo que me había ocurrido y mi decisión.

Finalmente, al llegar el día más esperado, hice que Natalia pasara a la plataforma para que estuviera conmigo. Comencé a explicarles a los asistentes lo que haría, pues quería que todos fueran testigos de algo que sería de mucha bendición para mi vida. Entonces, mirando a mi hermosa novia, comencé a decirle lo que significaba para mí, lo importante que era su vida en la mía. José Luis, mi asistente, me pasó el anillo que estaba en un estuche blanco y, sin muchas palabras, le propuse que se casara conmigo. Ella se sonrojó y comenzó a temblar de los nervios. Realmente no sabíamos qué más decir ni hacer de ahí en adelante. Solo sé que me dijo que sí, y todos los asistentes dieron ese murmullo de emoción acompañado de un lindo aplauso que nos dio la pauta para cerrar aquella declaración con un beso.

Los milagros del amor

Dios había preparado todo aquella noche para que fuera algo inolvidable tanto para nosotros como para los asistentes. ¡Gracias le doy al Señor por sus hermosos detalles! Pasamos dos años y tres meses de noviazgo. Cuatro meses después de mi propuesta de matrimonio, llegó el día más anhelado. Todos los preparativos fueron algo sobrenatural y milagroso. Dios estuvo pendiente hasta del último detalle. Fue increíble ver su intervención tierna en ese día.

Yo había tenido la oportunidad de cantar en algunos matrimonios. En uno de esos conocí un hermoso lugar donde siempre quise casarme. Cuando fuimos a preguntar cuánto costaba la ceremonia allí, casi nos desmayamos. Veinte mil dólares se necesitaban poder llevar acabo nuestro deseo. Salimos muy desanimados y tristes porque sabíamos que no tendríamos nunca ese presupuesto. Así que comenzamos a mirar otros lugares, pero ninguno era tan hermoso como el que queríamos. Seguimos con los preparativos y, después de unos días, mi suegro nos reunió en su casa para darnos una noticia. Había ido una vez más al lugar que deseábamos. Nos dijo, con una sonrisa, que no había problema, que estaba todo arreglado para realizar el matrimonio allí. No podíamos creer lo que escuchábamos. Natalia dio un grito de felicidad. Yo solo estaba confundido. Gilberto nos explicó lo que había ocurrido. Cuando regresó a aquel lugar, le dijo a la administradora que deseaba ver nuestro sueño cumplido en ese lugar. Le preguntó que si existía otra manera de negociar la propuesta inicial. Le contó a ella que era pastor y que todos nosotros éramos cristianos, también que no tenía toda esa suma, pero que sabía que Dios nos daría el regalo de casarnos allí. Dice Gilberto que esa señora, al mirar su computadora, le mencionó que algo extraño sucedía, que sentía la presencia de Dios de una manera muy especial. Después de unos minutos, le dijo: «No sé por qué estoy haciendo esto». Le contó que tenía un nieto muy enfermo en el hospital y quería que nosotros lo pusiéramos en cadena de oración en nuestra iglesia. Si lo hacíamos, haría una atención especial para nosotros: nos rebajaría esos veinte mil dólares y nos lo dejaría todo por solo seis mil. Mi suegro no podía creerlo, pues esa buena noticia era algo que no se esperaba. Lo increíble de todo fue que el lugar lo alquilamos con todos los lujos, cosa que no equivalía para nada al precio en el que nos lo había dejado. Realmente fue un milagro. Nos sen

ÉL CONOCE LOS DESEOS MÁS PEQUEÑOS DE NUESTRO CORAZÓN. ÉL ES FELIZ HACIÉNDONOS FELICES Y VIÉNDONOS SONREÍR.

timos consentidos de parte de Dios. Cada detalle lo tuvo calculado, como el vestido de mi esposa, que había sido hecho por una de las mejores diseñadoras del país, y que, por una «confusión» divina, terminó siendo comprado por solo trescientos dólares; ¡eso no costaba ni su alquiler! Fue increíble ver la mano de Dios en todo momento.

El día del matrimonio fue como un cuento de princesas. Mi esposa llegó en una carroza muy elegante. Nos casamos descalzos: ella danzando la canción que yo entré cantando. Fue un tiempo donde glorificamos a Dios por su fidelidad y por habernos dado aquel regalo tan grande: ser esposos. Además fue sorprendente ver cada uno de los regalos que habíamos pedido; estaban allí sin faltar ninguno, ¡y créeme que eran bastantes! La «luna de miel» nos la regaló un amigo en Punta Cana, Republica Dominicana.

Estoy tan agradecido con Dios por haberme dado la oportunidad de conocer a Natalia y por darme el regalo de ser su esposo, su motor, su regalo, su amor.

Sinceramente podría escribir otro libro en el que cuente

cada detalle de lo que fue nuestra boda. Sin embargo, solo quiero decirte que, con seguridad, Dios es fiel. Él conoce los deseos más pequeños de nuestro corazón. Él es feliz haciéndonos felices y viéndonos sonreír.

A nosotros nos toca ser responsables con las oportunidades que tenemos por delante y usar la cabeza para tomar las mejores decisiones. El noviazgo y el matrimonio pueden ser un regalo increíble, pero también pueden ser un gran tropiezo. Todos conocemos chicos que, por apurarse o por no consultarlo con Dios, viven una relación conyugal de mucho dolor. Por eso te invito a que ahora mismo ores pidiéndole a Dios dirección y bendición en tu vida matrimonial.

Vivir sus Promesas

12

«SEÑOR MI DIOS, TÚ QUE LE HAS PROMETIDO TANTA BONDAD A TU SIERVO, ¡TÚ ERES DIOS, Y TUS PROMESAS SON FIELES!».
(2 SAMUEL 7:28)

Después de pasar la prueba de mis cuerdas vocales fue claro que era tiempo de trabajar en una nueva grabación. Esta vez el disco se llamaría «Al taller del Maestro». Era imposible callar el milagro que había ocurrido no solo en mi cuerpo sino también en mi corazón. En medio de esta grabación se presentó la oportunidad de asistir a una feria conocida como «Exposeñales». Allí tuve mi primer concierto después de haber recibido el milagro en mi voz. Tenía muchos deseos de volver a cantar, y sobre todo de hacerlo en medio de un concierto donde se hablaría de milagros, ya que podría «presumir» del Dios poderoso al que sigo y amo. También en aquella actividad tendría espacio una conferencia llamada «LIDERE». Este seminario sería dictado por una de las personas que más ha influenciado mi vida en mi búsqueda por ser un verdadero adorador. Siempre había tenido el deseo de poder conocer a Marcos Witt, pero lo único que tenía de él era una foto que logré tomar en medio de una multitud en uno de los congresos de alabanza y adoración que él había dictado algunos años atrás.

Una persona alguna vez me dijo que mandara un demo de mi disco a Canzión, empresa que Marcos había fundado para apoyar e impulsar ministerios de adoración, pero la verdad nunca me inquieté por hacerlo. Obviamente sería un sueño poder ser parte de esta increíble familia, pero no quería forzar las cosas ni abrirme paso en mis propias fuerzas; eso lo tenía muy claro. De hecho, el

ERA IMPOSIBLE CALLAR EL MILAGRO QUE HABÍA OCURRIDO NO SOLO EN MI CUERPO SINO TAMBIÉN EN MI CORAZÓN.

mismo Marcos una vez dijo en una de sus conferencias algo que quedó grabado en mi corazón: «El mejor promotor que podemos tener se llama el Espíritu Santo de Dios». Y esa fue la razón para que mi Promotor hiciera esa gestión pero en su tiempo.

El día de aquella conferencia estaba incomunicado; la batería de mi celular se había descargado. Cuando llegué a nuestro puesto de ventas, me comentaron una cuestión muy importante para mí. Cuando estaban dándome la noticia y conecté mi celular a una nueva batería, entró aquella llamada tan esperada. Era una persona que no conocía demasiado, Eddy Pérez. Al hablar con él, me comentó que estaba con alguien que quería saludarme y conocerme. Yo solo pensé: *¿cómo alguien que yo no conozco me quiere pasar a otra persona que tampoco conozco?* En fin, cuando escuché la voz de aquella persona, se me hizo conocida.

—Aló, ¿hablo con Alex Campos?
—Sí, le contesté.
—Hola. Qué gusto saludarte. Hablas con Marcos Witt.
Me puse nervioso. Su llamada me tomó por sorpresa. Me parecía imposible pensar que él me llamara a mi número celular. Me dijo que había escuchado mi disco en el auto en el que iba y que estaba muy impactado por el trabajo realizado. Me preguntó si tenía tiempo en la noche para que cenáramos y nos conociéramos. «¡Claro que sí —le respondí sin dudarlo un segundo—. Tengo todo el tiempo que quiera». Le conté que yo me encontraba por entrar a su confe-

rencia. En seguida me dijo que estaba también haciendo lo mismo pero por la parte de atrás, que me acercara para entrar con él. Cuando yo llegaba, alguien se le acercó a su oído mientras me señalaba y decía que ese era Alex. Él se retiró de la multitud y, al acercarse, me abrazó de una forma que me dejó ver la sencillez y la humildad de su corazón. Yo le entregué mi disco y, mientras lo abría, me pidió que lo firmara. Realmente debería pasar todo lo contrario; que yo le pidiera que me firmara uno de sus discos. Pero así es el trato de Dios, impredecible y asombroso.

Aquella noche comenzaría una linda amistad que valoro y respeto hasta el día de hoy. Dos meses después, me llamó para invitarme a que lo acompañara a una gira de conciertos por Venezuela y Colombia. Allí, en medio de la primera presentación, que fue en Medellín, se cumpliría uno de los sueños que tal vez era muy pequeño y ridículo a la vez. Cuando Marcos estaba en medio de su concierto, me presentó y me hizo pasar para interpretar una de mis canciones. Yo estaba tan impactado por lo que vivía que casi no me salían palabras. Cuando terminé, se me acercó y me dijo en voz baja: «Quédate en la tarima para que cantemos juntos». Miró a su pianista y le dijo que le diera la nota re mayor. Cuando comenzó a cantar, recordé que, años atrás, me había reencontrado con mi padre. Una de las canciones que me había marcado y que deseaba poder algún día cantar con Marcos fue la que comenzó a entonar: «Tu fidelidad».

Eso era demasiado. Ese pequeño detalle era una confirmación de que Dios me había prestado atención. Nunca olvidaré aquel momento. ¡Gracias, Marcos, por ser sensible a lo que Dios quería para mi vida, y por ser en estos últimos años un apoyo para mi vida y ministerio!

Su fidelidad en vivo y en directo

Después de aquel bello momento firmé un contrato con CanZion. La promesa de viajar llevando el amor de Jesús a través de mis canciones comenzó a hacerse realidad. El primer país que visité fue la hermosa nación de Ecuador.

Después pasé a Panamá y Venezuela. Luego, mi deseo de conocer México y Argentina no se haría esperar demasiado. Hasta hoy he visitado más de diecinueve países en toda América. Y, en los últimos tres años, hemos llevado el mensaje de Dios con nuestra música a más de un millón y medio de personas a través de conciertos y conferencias. Los discos que él nos ha permitido producir son cinco. Luego de «Tiempo de la cruz» y «Al taller del Maestro», vendrían «En vivo», «Como un niño», y el acústico: «El sonido del silencio». En este último periodo, Dios me ha llevado a apoyar otros ministerios. El primero fue el de mi hermano

Luis Campos; grabamos su primera producción: «Mientras tenga vida». Él tiene un sonido más pop, y su voz es excelente.

En el tiempo que firmé contrato con CanZion nos llamaron de una disquera secular aquí en Colombia llamada sonolux. Esta se mostró muy interesada en distribuir mi música, y realmente me sorprendió mucho, pues ellos fueron los que nos buscaron a nosotros para poder llegar a algún acuerdo. Después de orar y mirarlo con algunas personas de confianza, decidí firmar un contrato de distribución para la parte secular. Esto me llevaría a experimentar diversos desafíos no solo al enfrentarme a un sistema que no conocía sino también a la crítica y juicio que se levantó sobre mi vida por parte de varios pastores de mi país. Fueron meses de tensión. No fue de mi agrado ser criticado por ninguno de ellos. Sin embargo, lo increíble fue escuchar la voz de Dios que me animaba a continuar; me dijo que no me detuviera.

Recuerdo que una de las personas que más me bendijo en ese tiempo fue mi amigo Sixto Porras, de Costa Rica. En una de sus conferencias mencionó una frase que le daría un vuelco completo a lo que vivía: «Todo árbol que da fruto y buen fruto se le arrojan piedras». En mi interior tuve la certeza de saber que iba por buen camino. Así que poco a poco comencé a ver cómo aquella decisión tan controversial para algunos daba fruto de una forma asombrosa. Uno de los primeros testimonios surgió en medio de un concierto secular que facilitó la gente del sello. Fue en un bar donde la gente suele ir a tomar y bailar, ¡y no

NO FUE DE MI AGRADO SER CRITICADO POR NINGUNO DE ELLOS, SIN EMBARGO, LO INCREÍBLE FUE ESCUCHAR LA VOZ DE DIOS QUE ME ANIMABA A CONTINUAR; ME DIJO QUE NO ME DETUVIERA.

precisamente agua bendita o danzas hebreas!. Sí, ese lugar fue un poco intimidante para mí. No sabía cómo dirigirme a la gente ni como reaccionarían. Le pedimos al administrador que si se podía, mientras tocábamos, no se vendiera licor. Era algo atrevido de pedir, pues estos establecimientos se sostienen precisamente de eso. Pero Dios iba delante de nosotros; su gracia nos acompañaba. Aquel administrador amablemente accedió a nuestra petición. No obstante, recuerdo que esta decisión le molestó mucho a la presentadora. Se me acercó y me dijo que nosotros los cristianos éramos la gente más aburrida que conocía. Yo le contesté que si diversión era sinónimo de embriagarse, pues tenía una idea muy limitada de lo que es pasarla bien. Señalándole a mis músicos, le mostré que la pasábamos de maravilla, que no necesitábamos licor para sentirnos alegres.

Ella no quiso comprender. Se fue. Cuando comenzamos a tocar, me sentí medio extraño. Cuando quería decir cosas como: «¡Un grito de júbilo!» o «¿¡Quién vive!?»; frases que estamos tan acostumbrados a decir mientras cantamos en los templos, sabía que muchos allí no lo comprenderían. A pesar del ambiente, quería aprovechar al máximo aquella puerta que Dios había abierto. En medio del concierto

compartí rápidamente mi amor por Dios y lo que él había hecho en mis cuerdas vocales. Después interpreté una canción que estaba sonando en emisoras seculares: «Al taller del Maestro»; y fue increíble ver cómo la gente pudo sentir el toque tierno del amor de Dios. La luz brilló por fin en ese lugar oscuro y lleno de tinieblas. Al terminar nuestra participación, me dirigí a la parte de atrás. Vi con asombro lo que al principio del concierto parecía imposible: la presentadora que nos había criticado y se había molestado por nuestra decisión estaba llorando. Y Sandra, la esposa de nuestro baterista, estaba orando por ella.

Ahora bien, si por eso habría de recibir críticas, con gusto estaba dispuesto a escucharlas todas. Jesús nos dice claramente: «Nadie enciende una lámpara para después cubrirla con una vasija o ponerla debajo de la cama, sino para ponerla en una repisa, a fin de que los que entren tengan luz» (Lucas 8:16).

He hablado con muchos chicos que se sienten identificados con esta verdad. Algunos han recibido críticas por querer sacar el evangelio de los templos para que brille al resto de la gente. A ellos simplemente quiero animarles a no desfallecer. Dios tiene buenos pensamientos de nosotros. A todos los que lo hemos aceptado como nuestro Señor y Salvador nos dio el privilegio de ser llamados sus hijos; este regalo viene acompañado de talentos y dones, regalos y sorpresas exclusivamente para cada uno de nosotros que sirven para darle a conocer. Los tiempos de Dios muchas veces no son los nuestros, por eso debemos contar con inteligencia espiritual y pedirle sabiduría.

> VI CON ASOMBRO LO QUE AL PRINCIPIO DEL CONCIERTO PARECÍA IMPOSIBLE: LA PRESENTADORA QUE NOS HABÍA CRITICADO Y SE HABÍA MOLESTADO POR NUESTRA DECISIÓN ESTABA LLORANDO.

No debemos tomar decisiones basadas en dolor o en resentimiento, tampoco en simples emociones o el «hambre» de ser populares. Debemos estar dispuestos a hacer su voluntad a cualquier precio, aun a estar dispuestos a ser criticados por su causa. Cuando lo hacemos y avanzamos en fe, comenzamos a disfrutar del cumplimiento de sus promesas.

Si honras a los líderes que el Señor te pone por delante, si sabes esperar el momento justo y trabajas en las motivaciones de tu corazón, te aseguro que tu tiempo llegará. A veces deberás aprender el arte de esquivar lanzas como lo hizo David, pero con seguridad te digo que tu tiempo llegará. ¡Dios nos hizo para eso!

Multiplicar las bendiciones

Tu vida y la mía tienen un propósito eterno. Desde el más allá Dios quiso que nosotros fuéramos personas de bendición. Cuando llamó a Abraham, levantó a Moisés y escogió a David, está bien claro que lo que él quería era que fueran de bendición a las naciones. Algunos nos preguntamos muchas veces cuál es la voluntad de Dios para nuestra vida. El apóstol Pablo nos responde con certeza: «Porque somos hechura de Dios, creados en Cristo Jesús para buenas obras, las cuales Dios dispuso de antemano a fin de que las pongamos en práctica» (Efesios 2:10).

La voluntad de Dios es que seamos de bendición a otras personas. Fuimos creados con ese propósito. Todo lo que ponemos en práctica en nuestra vida debe orientarse a bendecir a otros. Sé que esto hoy puede sonar raro, porque

TU VIDA Y LA MÍA TIENEN UN PROPÓSITO ETERNO. DESDE EL MÁS ALLÁ DIOS QUISO QUE NOSOTROS FUÉRAMOS PERSONAS DE BENDICIÓN

la sociedad nos ha enseñado a pensar solo en nosotros mismos. En cosas como: *qué quiero hacer, qué estudiaré, a dónde quiero llegar, y quién quiero ser*; pero meditamos muy poco en otras personas cuando nos proponemos empezar a dar los pasos de nuestra vida. Dios quiere que eso cambie, porque sus promesas se hacen realidad en nosotros cuando somos el cumplimiento de sus promesas en la vida de otros. Él quiere que entendamos que su propósito para su pueblo es que seamos de bendición. A eso se refiere con «buenas obras». Algunos las ven como cosas que no hacemos en contraposición con aquello que hacemos. Creen que buenas obras es no decir malas palabras, no fumar, no bailar, no vestirse de determinada manera, y muchas cosas más que puedes agregar a la lista. Pero las verdaderas buenas obras, según la Biblia, tienen que ver con bendecir a los necesitados, ayudar a otros, cooperar con los que están cansados, salvarle el día a alguien que está angustiado, orar

por los enfermos, ayudar a los pobres, y tantas otras cosas que marcan una diferencia en el mundo. Eso es multiplicar las bendiciones: usar nuestros sueños para bendecir a otros. Recuerda: Dios te eligió para buenas obras. Todo lo que hacemos debe tener el propósito de bendecir a otros. Si se levanta una raza de campeones que piense así, la iglesia será efectiva y los rostros y las vidas de muchos cambiarán del llanto a la sonrisa.

Conclusión

Construir
sobre la roca

«ESTOY CONVENCIDO DE ESTO: EL QUE COMENZÓ TAN BUENA OBRA EN USTEDES LA IRÁ PERFECCIONANDO HASTA EL DÍA DE CRISTO JESÚS». (FILIPENSES 1:6)

En mi vida he visto hombres que construyeron sobre la arena y hombres que lo hicieron sobre la roca. Yo quiero construir sobre la roca y espero que ese no sea solamente tu deseo sino tu plan.

En toda vida hay tempestades. A ninguno nos gustan, y eso todos lo sabemos, porque allí hay llanto. Pero también sabemos que quienes permanecen llegan a ver el fin de las tormentas. No sucumben en estas, más bien llegan a ver sonrisas. Por eso escribí este libro.

Yo sueño con ver jóvenes que inteligentemente construyan sus vidas sobre la roca. Una raza de campeones que no desfallezcan ante los problemas de la vida. Que puedan escribir una historia que tal vez haya comenzado con el llanto, pero que terminará en la sonrisa. Estoy convencido que es posible hacerlo a pesar de que tengamos que afrontar muchas pruebas.

Dios cumple sus promesas. Nuestra parte para que se hagan realidad en nuestra vida es facilitárselo, no retrasárselo. Él prometió perfeccionar su obra en nosotros, y eso requiere que tengamos que atravesar momentos difíciles que nos ayuden a crecer y ser más fuertes. Las pruebas de Dios tienen el propósito de fortificarnos y de moldearnos el carácter. Incluso hasta las tentaciones pueden ser una oportunidad. Cuando las vencemos, se convierten en un examen aprobado que nos permite caminar con mayor seguridad.

YO SUEÑO CON VER JÓVENES QUE INTELIGENTEMENTE CONSTRUYAN SUS VIDAS SOBRE LA ROCA. UNA RAZA DE CAMPEONES QUE NO DESFALLEZCAN ANTE LOS PROBLEMAS DE LA VIDA

Yo no conozco la historia de tu niñez ni de tu adolescencia. No sé cómo fueron tus padres, pero sí que, con Dios de tu lado, podrás escribir una historia de éxitos y victorias.

Soy papá

No podría terminar este libro sin presumir de un hermoso y bello regalo que Dios me acaba de dar. Mientras terminaba uno de los capítulos de este libro, en el cielo se escribía uno nuevo acerca de mi vida.

Recuerdo el momento en que mi esposa llegó a casa con un globo de colores donde decía: «¡Felicidades al nuevo papá!». La verdad es que lo único que pude hacer fue abrazarla y llorar de felicidad.

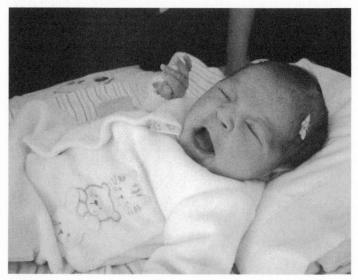

En estas semanas he tenido estos pensamientos: *¿cómo no cantarle a Dios mis poesías? ¿Cómo no darle mi vida enteramente a él?* Dios ha sido el que ha llenado mi vida de tantas sonrisas. Ahora, ya pasados mis treinta años de edad, él me da la bendición de ser padre de una hermosa hija: Juanita Campos. Tengo tantos sueños para ella. Quiero ser el mejor papá del mundo. Quiero tenerla en mis brazos y sentir la ternura de Dios a través de sus ojitos, su boquita, sus manos.

Hace unos días escuché los latidos de su corazón; fue como oír un ángel. Estoy tan emocionado no solo de saber que soy papá sino de lo que será vivir nuevas experiencias con mi Dios a través de esta nueva etapa. Sé que habrá ocasiones en que entenderé un poco más del amor que él me tiene, pues yo soy su hijo. Es más, hoy ya puedo comprender algo de esto: si amo tanto a mi chiquita, cómo será el amor sin medida de mi maravilloso Padre celestial.

Antes leímos unos versos del Salmo 139. Aquí hay algunos más:

«Tú creaste mis entrañas; me formaste en el vientre de mi madre.
¡Te alabo porque soy una creación admirable!
Tus obras son maravillosas, y esto lo sé muy bien!
Mis huesos no te fueron desconocidos cuando en lo más recóndito era yo formado,
cuando en lo más profundo de la tierra era yo entretejido.
Tus ojos vieron mi cuerpo en gestación:
todo estaba ya escrito en tu libro;
todos mis días se estaban diseñando,
aunque no existía uno solo de ellos.
¡Cuán preciosos, oh Dios, me son tus pensamientos!
¡Cuán inmensa es la suma de ellos!
Si me propusiera contarlos,
sumarían más que los granos de arena.
Y si terminara de hacerlo, aún estaría a tu lado».

Ahora entiendo mucho más el hecho que si yo siendo imperfecto quiero cuidar y proveer a mis hijos, cuánto más Dios. Nunca te olvides de esto. Él sabe todo de ti, y eso es bueno porque te mira con los ojos de un Padre amoroso.

El mejor equipo

La mejor combinación, ensamble, unión o equipo que el hombre puede tener es con el Espíritu de Dios en el corazón. El apóstol Pablo escribió: «¿Acaso no saben que su cuerpo es templo del Espíritu Santo, quien está en ustedes y al que han recibido de parte de Dios?» (1 Corintios 6:19).

Él está en nosotros. ¡Somos entonces mayoría! Con él nuestra vida pasa de ser infeliz a ser feliz, de ser ordinaria a ser extraordinaria, de ser común y corriente a convertirse en un arma mortal de su amor que afectará a todo el que se cruce en nuestro camino. Esto lo garantizo por todo lo que me ha tocado vivir y por eso he escrito este libro.

No fue fácil ser abandonado por mi papá ni ser pobres; no fue fácil hacerme cargo de mis hermanos ni que se muriera uno de ellos, que mi papá tuviera otra familia, perder un ojo y ser abusado por un aparente «hermano» de la iglesia; no fue fácil ser subestimado y tener un tumor en la garganta cuando pretendía vivir del canto. ¡No fue fácil!

CON ÉL NUESTRA VIDA PASA DE SER INFELIZ A SER FELIZ, DE SER ORDINARIA A SER EXTRAORDINARIA, DE SER COMÚN Y CORRIENTE A CONVERTIRSE EN UN ARMA MORTAL DE SU AMOR QUE AFECTARÁ A TODO EL QUE SE CRUCE EN NUESTRO CAMINO.

Hubo llanto. Sin embargo, con el Espíritu Santo de Dios en nosotros todo llanto puede ser cambiado por sonrisas.

Yo no conozco la historia de tu niñez y tu adolescencia. No sé como fueron tus padres. Pero sé que con Dios a tu lado puedes escribir una historia de éxitos y victorias.

Hermoso Espíritu Santo, te amo. Tú soplas mi vela en la dirección correcta. Jesús, eres mi mejor amigo; eres mi Señor y Salvador. Dios Padre, me has amado siempre, has llevado mi vida del *llanto a la sonrisa*.

ENCUENTROS AL LÍMITE

Una colección de devocionales con todos los temas que le importan a los jóvenes y adolescentes de hoy, tratados con humor e inteligencia con el propósito de ayudarlos a pensar en la perspectiva de Dios. Con un contenido enérgico, actual y desafiante para que los jóvenes que quieren crecer en su fe y acercarse más a Dios cuenten con el material devocional que estaban necesitando.

¿Y QUÉ VOY A HACER CON MI VIDA?

La vida tiene un alto grado de INCERTIDUMBRE, especialmente para los jóvenes cuando se trata de más allá de la graduación. Junto con la mayoría de edad vienen muchas preocupaciones acerca del futuro. Este recurso de trabajo es único acerca del tema de la VOCACIÓN ayudará a los jóvenes a:

- Explorar lo que la Biblia dice acerca de honrar a Dios en todas las decisiones de la vida.
- Descubrir sus talentos y habilidades
- Seguir los deseos de su corazón de manera estratégica y sabia.
- Solicitar y reconocer el consejo y el apoyo de adultos cristianos, familia y en cualquier lugar donde haya adultos de confianza.
- Confiar en que Dios te abrirá (y cerrará) puertas y les guiará a lo largo del camino.
- Encontrar ayuda en la Biblia y un lugar para registrar sus descubrimientos.

500 IDEAS PARA EL MINISTERIO JUVENIL

¿Estás listo para que tus jóvenes digan "WOW"?
¿Estás lista para que tus jóvenes digan "¡ESO SI ESTUVO BUENO!"?
Ideas prácticas. ideas locas, ideas específicas, ideas inéditas, ideas justas, ideas para casi todas las necesidades del ministerio juvenil.
Un pequeño libro que te va a ayudar a elevar el nivel de eficacia y creatividad de tu ministerio.
Una colección de ideas seleccionadas por uno de los ministros más ocurrentes e inovadores de la Iglesia de hoy.

LAS 10 PLAGAS
DE LA CYBERGENERACIÓN

¡Cuidado! Este libro contiene historias que pueden alterar el curso de tu vida para siempre. Si quieres ser uno más ni pienses en abrirlo... Este libro contiene historias verídicas de jóvenes que fueron travestis, homosexuales, pasaron por bulimia o anorexia y al encontrarse con Jesús sus vidas fueron totalmente transformadas. En este material encontrarás respuestas a preguntas que muy pocos se animan a responder. El pastor Ale Gómez junto a un equipo de profesionales y pastores, prepararon este manual acerca de las nuevas plagas que enfrenta la juventud en este milenio y cómo vencerlas con Jesús.

DROGAS Y PORNOGRAFÍA ¿QUÉ HACER?

Este libro trata dos temas calientes con los que en algún
momento te vas a tener que confrontar. Está escrito para
jóvenes que luchan con estos desafíos o que tienen amigos
que los están enfrentando.
En estas páginas te vas a encontrar con muchos datos
investigativos y muchas preguntas que te van a hacer pensar.
Ambos autores creen que la ignorancia no es buena conse-
jera y que esta generación no se conforma con que alguien
les diga que algo es malo sin recibir una explicación coher-
ente y honesta. Un libro apuntado al blanco, escrito por dos
de los más renombrados líderes de la nueva generación.

BIBLIA G3

¡La Biblia justa para la generación del tercer milenio!
¿Cómo sé lo que está bien y lo que no? ¿Debería juntarme
con aquellos amigos? ¿Por qué tengo que ir a la iglesia?
¿Qué hay del sexo? Esta Biblia ayudará a los jóvenes encontrar las respuestas. La Biblia G3 de Crecimiento Juvenil,
Nueva Versión Internacional te enseñará sobre Dios y cómo él
quiere que vivas desde una perspectiva fresca para la
generación del tercer milenio. Esta Biblia está llena de ideas
divertidas y claras que te ayudarán a crecer. La Biblia G3 ha
sido escrita teniendo a la nueva generación en la mente y el
corazón. Acompañando el claro texto bíblico más de 20
reconocidos líderes juveniles de todo el mundo de habla
hispana se han unido para escribir acerca de los temas
calientes que le importan a tu generación. La generación G3.
La generación del tercer milenio. Esta Biblia te va a
despeinar con artículos escritos por Lucas Leys, Dante Gebel,
Jeffrey De León, Junior Zapata, Emmanuel Espinosa, Julissa,
Victor Cárdenas, Funky, Germán Ortiz, Edgar Lira, Elvira
Garza y muchos más...

Nos agradaría recibir noticias suyas.
Por favor, envíe sus comentarios sobre este libro
a la dirección que aparece a continuación.
Muchas gracias.

Vida@zondervan.com
www.editorialvida.com